David Jaffin

W0230922

Jüdische Feste
christliche Deutung

Verlag der
Liebenzeller Mission
Bad Liebenzell

Dank für die Bearbeitung des Manuskriptes zu diesem Buch an
Frau Heide Pfeiffer und Frau Ute Langefeld

ISBN 3-88002-422-7

Umschlagfoto: St. Jakob Blutaltar v. Tilman Riemenschneider,
Rothenburg (A. Ohmayer/Kunstverlag Edm. von König)
Umschlaggestaltung: Graphisches Atelier Arnold,
Dettingen/Erms
Satz: Knipp, EDV-gesteuerter Lichtsatz, Wetter 2
Herstellung: St.-Johannis-Druckerei, Lahr-Dinglingen
Printed in W.-Germany

Inhalt

I. Chanukkah – Advent – Weihnachten: Zum jüdisch-christlichen Verständnis der Geburt unseres Herrn

Wir betreten mit der Entfaltung dieses Themas (und ähnlicher in den folgenden Abschnitten dieses Buches) in vieler Hinsicht ganz neues Land. Es erschließen sich ganz neue Zusammenhänge, nicht in allen Punkten, aber doch in vielen.

Ich werde die zentralen Grundgedanken aufzeigen, die diese drei Feste verbinden: Advent – Chanukkah – Weihnachten. Es gibt, soweit ich sehe, sieben solcher Gedanken, und ich stelle sie hier an den Anfang meiner Ausführungen, um sie danach im Blick auf Advent, Chanukkah und Weihnachten deutlich zu machen. (Ich werde noch im einzelnen erklären, was Chanukkah ausmacht, da ich nicht annehmen kann, daß dieses Fest bekannt ist.)

1. *Bei allen drei Festen wird Dunkelheit vorausgesetzt.*

   Das sehen wir sehr deutlich in Psalm 30. Dieser Psalm, ursprünglich ein Lied zur Einweihung des Tempels, gehört auch unmittelbar zur Feier des Lichtfestes Chanukkah.

2. *Bei allen drei Festen haben wir es mit einem Vorläufer zu tun.*

3. *Der Weg zur Erneuerung wird hier angedeutet, an Weihnachten erfüllt.*

4. *Anbrechendes Licht und kommendes Gottesreich werden gezeigt.*

5. *Alle drei Feste haben mit der Errettung aus dem ewigen Tod zu tun.*

6. *Bei allen geht es um Befreiung von Fremdherrschaft in und über uns.*

7. *Alle beziehen sich auf Heiden: Licht für die Heiden.*

   Zum Teil greifen diese Grundgedanken ineinander über, trotzdem bleiben sie selbständig.

Advent

Dunkelheit wird vorausgesetzt

Im Volk Israel herrschte Dunkelheit. Wieso? Israel hatte sich immer mehr an das Gesetz gebunden, war erstarrt in gesetzlichem Denken. Die mündliche Überlieferung des Gesetzes zog sich über ungefähr tausend Jahre hin von der Erlöschung der Prophetie bis zur schriftlichen Fixierung des Talmud (des jerusalemischen und des babylonischen) im 6. und 7. Jahrhundert nach Jesu Geburt. Eine lange Zeit.

Es war also der Zeitraum der mündlichen Thora, und die Überlieferung der Rabbiner galt unter frommen Juden in Israel und gilt auch heute noch genauso viel wie die Thora selbst. Der Ausdruck »Talmud-Thora-Schule« zeigt, daß die Tradition genauso heilig ist wie die Schrift selbst. Die Tradition legt die Schrift aus. Der Grundsatz der mündlichen Thora war, daß Gottes heiliges Gesetz, die fünf Bücher Mose, für Israel »lebbar«, erfüllbar gemacht werden sollte. Dieser Grundsatz aber ist falsch, wie sehr, das zeigt uns Jesus in der Bergpredigt, der endgültigen Auslegung des Gesetzes Moses: »Mose sagte euch – ich aber sage euch.« »Ihr müßt vollkommen sein wie Gott.« Damit ist jeder Versuch, das Gesetz Moses erfüllbar zu machen, als falscher Weg enthüllt. Gesetzlichkeit, gesetzliches Denken, führt zur Verurteilung durch Gott selbst. Das war die Dunkelheit in Israel.

Auch in unserer Kirche ist heute das Problem nicht in erster Linie die verflachte, heidnische Welt. Es ist die Kirche selbst, die verflacht ist. Das zentrale Problem der Dunkelheit beginnt bei uns. (Auch ein Judas Iskariot war Jünger Jesu!) Aber auch äußerlich herrschte damals in Israel Dunkelheit wegen der Unterdrückung durch die Römer, sowohl politisch als auch wirtschaftlich.

Der Herr hatte Israel in seiner Geschichte immer wieder bestraft, weil Israel wie die Welt sein, einen König haben und weltlich denken wollte. Die Art seiner Vergeltungsstrafe war es, Israel den Weltmächten auszuliefern. Das ist Gottes Art und Weise, mit uns umzugehen. Er ist kein harmloser Gott. Er ist nicht der liebe, gute, süße, trostreiche Jesus, wie man ihn heute gerne sieht. Nein, er ist ein ernstzunehmender Gott, brennend, eifernd, barmherzig, gnädig – das wissen wir Juden allzugut.

Die politische Situation Israels glich äußerlicher Dunkelheit. Wir rechnen heute als Historiker damit, daß Israel im Kampf gegen die Römer etwa 100 000 Freiheitskämpfer verloren hat, aber Israel war kein großes Volk! Mitten in diesem Freiheitskampf, mitten in diesem schrecklichen Krieg sangen die Engel: »Friede auf Erden!« Das bedeutet nicht Waffenstillstand, wie die Friedensbewegung das sieht, sondern das heißt: Gott ist am Ziel – Schalom!

Wie zur Zeit der Knechtschaft in Ägypten war man dem Bedränger, dem römischen Militär, ausgeliefert, und es gab die gleiche Erwartung wie zur Zeit Moses, und das war keine unbiblische Haltung: Ein Befreier wird kommen, der Israel mit Gewalt befreien wird; das tausendjährige Friedensreich wird hier auf Erden beginnen, und die Völker werden nach Israel hinpilgern.

Das war die Erwartung. Aber das ist das Bild des wiederkommenden Jesus, nicht das Bild seiner ersten Ankunft. Das ist interessant und verhängnisvoll zugleich. Israel hatte zur Zeit Jesu eine falsche Vorstellung vom Messias, und manche in unserer Kirche haben sie heute auch. War es nicht hier beim Kirchentag in Stuttgart, daß ein berühmter Theologe sagte: »Lächerlich ist das, daß Jesus wiederkommt als Richter. Wir glauben das nicht.«? Was für ein Gottesbild haben wir? Die erste Ankunft Jesu, sein Tod am Kreuz – das ist sehr wichtig für uns. Aber wir leben in der Zeit des Endes, wo der Herr mit Macht und Gewalt wiederkommen wird. Freilich haben gerade Deutsche große Schwierigkeiten, hier biblisch zu sehen und biblisch zu denken, weil die Schuld der jüngsten Vergangenheit, die falsche Vorstellung von heiligen Kriegen, als Binde vor ihren Augen liegt.

Die Prophetie war erloschen. Maleachi, der letzte Prophet, hatte um 400 v. Chr. Geburt gelebt. Gott hatte aufgehört, direkt zu seinem Volk zu reden. Es gab nur Menschenworte. Das bedeutete Dunkelheit.

Dazu kommt, daß es in Israel zur Zeit Jesu drei zentrale Parteien gab, von denen die weitaus beste, die *Pharisäer*, der Hauptfeind Jesu war. Auch dies ist für Christen sehr schwer zu verstehen. Die Pharisäer standen auf weitaus höherem Niveau als die Zeloten und die Sadduzäer. Israel war innerlich zerstritten, auf falschen Wegen innerhalb seiner Glaubensgemeinschaft.

Die *Sadduzäer* waren zum guten Teil reiche Priester, die mit den Römern mehr oder weniger paktierten, die keinen Messias und keine Auferstehung der Toten erwarteten, nur die Thora akzeptierten, aber nicht die Prophetie. Sie waren im allgemeinen glücklich unter der römischen Herrschaft, denn sie waren reich und angesehen.

Die Zeloten, zu denen Judas Iskariot gehörte, wollten gleich zum Schwert greifen, um Israel durch Gewalt zu befreien. Diese zelotische Tendenz fand ihr Ende in Bar Kochba, den Rabbi Akiba, der große Mann, der im 2. Jahrhundert die Mischna zusammengestellt hat, den Messias nannte. Dieser Bar Kochba war ein echter Heide, sein Blut war jüdisch, aber seine Handlungsweise kannte nur Gewalt, und er wurde vernichtet. Und der größte Rabbi seiner Zeit, Rabbi Akiba, nannte ihn den Messias! So verblendet war Israel! Und die Pharisäer? Sie wußten, daß der Messias kommen würde, sie glaubten an die Auferstehung der Toten wie an die ganze Bibel ihrer Zeit. Sie wußten: Wir können uns nicht durch Gewalt retten. Rettung wird der Messias bringen. All das war richtig, und doch mußte Jesus sich mit ihnen auseinandersetzen.

»In euren Herzen ist Ehebruch und Mord ...« David ist ein Beispiel dafür, daß auch die Besten unter dem Fluch stehen und sich nicht selbst befreien können. Von David geht die Fluch- und Segenslinie weiter, in Jesus ist dieser Segen erfüllt. Das Thema »Segen und Fluch« zieht sich durch die gesamte Bibel. Die Pharisäer gelten bis heute unter den Juden als etwas vom Allerbesten, was Israel hervorgebracht hat, deswegen setzte sich Jesus mit ihnen auseinander.

Jesus geht keinen billigen Weg. Er ist Gott. Er setzt sich

nicht mit Leuten auseinander, bei denen es klar ist, daß sie bewußt auf dem verkehrten Weg sind. Er fordert die Allerbesten heraus und zeigt ihnen, daß sie trotz ihrer richtigen Erkenntnisse verloren sind. Das war die Dunkelheit, die bei Advent vorausgesetzt wird.

Der Vorläufer

Plötzlich steht jemand auf, ein Prophet, erstmals seit 400 Jahren, und dazu kein Schriftprophet, sondern einer in der ursprünglichen Form wie Nathan, Elia und Elisa: ein Prophet mit absoluter Vollmacht des Wortes.

Diese »Stimme in der Wüste«, der »wiederkommende Elia«, dieser Prophet Johannes der Täufer ist *der* Vorläufer Jesu Christi. Auch die Gestalt des Vorläufers ist ein zentrales biblisches Thema. Finden wir sie nicht schon bei David, dem großen König, in diesem einmaligen Samuel, dem Priester, Richter und Propheten?

Der Weg zur Erneuerung

Was ist der Weg zur Erneuerung? Johannes sagt es klipp und klar, und auch Jesus beginnt seine Predigt mit der gleichen Botschaft: Kehrt um! Erkennt eure Sünde und Schuld!

Unser schlimmster Feind sind wir selbst, unser bester Freund ist Christus. Wer das sieht und bejaht, ist in seiner Glaubenserkenntnis weit gekommen. Wir sind von Verlorenheit und Dunkelheit überflutet. Man kann es auch ausdrücken im Sinne von »Fluch und Segen«: Wir sind durch die Erbsünde in uns selbst verflucht, und wir sind durch Christi Blut gesegnet und damit aus diesem Fluch errettet. Die Erkenntnis der Dunkelheit in uns selbst, Buße, ist der Anfang. Luther spricht in der ersten seiner 95 Thesen davon, daß das ganze Leben eines Christen tägliche Buße sein soll. All unsere Verlorenheit aber dürfen wir Christus übergeben.

Johannes predigt nichts anderes als Umkehr, wie alle Propheten es getan haben; aber diese Umkehr ist zugleich ein Vorwärtsgehen. Auch das finden wir bei allen Propheten vor ihm. Ihre Botschaft ruft zurück zum lebendigen Gott und weist gleichzeitig mit messianischem Blick auf das, was kommen wird.

Wo geht Johannes hin: Er sucht den heiligen Fluß Jordan auf, das Zeichen der Reinheit in Israel. Hier findet die zentrale Reinigungshandlung statt. Fließendes Wasser bedeutet in Israel Reinheit. Denken wir an die Geschichte des Heiden Naeman. Er hat Aussatz und geht auf Elisas Anweisung zum Jordan. Er taucht dort siebenmal unter (ein Hinweis auf die sieben Tage, in denen der lebendige Gott Israels die Welt erschuf!). Seine Schuld wird damit abgetan. Er ist durch den lebendigen Gott Israels wiederhergestellt und gereinigt.

Dieser Jordan zeigt seine Bedeutung auch bei der Überquerung des Flusses unter Josua (Josuabuch!). Diese Geschichte ist eine wunderbare Zeichenhandlung: Zwölf Priester stehen auf zwölf Steinen, die Tod bedeuten, aber zugleich ein Bild sind, das in Leben verwandelt wird. Israel geht durch den Tod, durch den Jordan zu neuem Leben, gereinigt in dem Herrn, und der Jordan wird gespalten wie das Schilfmeer.

Johannes geht an diesen für Israel so einmaligen Ort. Der Jordan fließt durch eine Wüste, aber er befruchtet diese Wüste nicht. Auch sie hat ihre Bedeutung. In der ganzen Bibel kommt die Wüste immer wieder als Ort der Versuchung und Ort des Heils vor. Denken wir an die 40 Jahre, die Israel in der Wüste verbrachte, ständig zum Unglauben versucht. Es ist aber auch die Brautzeit, wo das Volk immer wieder Heil empfängt durch den Herrn, der den Weg zeigt, der Nahrung, Wasser und Führung gibt.

Denken wir an David in seiner großen Versuchung, Saul in der Steinwüste umzubringen, und wie er diese Versuchung überwindet zum Heil. Er nimmt ein Stück von Sauls Kleid, eine Zeichenhandlung: »Ich habe Anteil an deinem Kleid der Erwählung, an deinem Königreich.« Dieses Stück Stoff beweist auch: »Ich könnte dich umbringen, und ich habe sogar das Recht, das zu tun.« David aber tut es nicht, zum Heil, weil Saul der Gesalbte Gottes ist.

So geht Johannes zum Ort der Versuchung und des Heils, zum Ort der Reinheit. Zeichenhaft wird deutlich: Hier wird der Weg der Reinheit, der Weg der Erneuerung, der Weg der Zukunft beginnen. Dort begegnet er Jesus.

Anbrechendes Licht und kommendes Reich

»Das Volk, das im Finstern wandelt, sieht ein großes Licht.« Inmitten von Israels Versagen in sich selbst, seiner Unterdrückung durch die Römer, mitten im Schweigen Gottes und in aller Dunkelheit ist das Licht im Anbruch, gerade dann! Das steht ganz im Gegensatz zu der liberalen Theologie, die die Vorstellung hat, wir bauten – menschlich gesehen – eine immer bessere Welt auf, bis wir den Schritt zu einem Himmel auf Erden in uns selbst verwirklichen.

Biblisch ist es genau umgekehrt. Der Herr kommt immer in der dunkelsten Zeit. Er wird auch zu Israel zurückkommen, wenn die Feinde durchgebrochen sind, wenn Israel in absoluter Finsternis und Verzweiflung liegt.

Ging nicht jeder, der sich zu Christus bekehrte, durch diese Dunkelheit? Wer bekehrt sich zu Christus in Freude, in Liebe? Ich kenne niemanden. Die Bekehrung geschieht durch Finsternis hindurch, indem wir das Böse in uns erkennen, indem wir durch Gottes Wort entblößt werden und sehen, wie es wirklich um uns steht.

Israel liegt absolut am Boden, ohne Zukunft in sich und ohne Zukunft in bezug zur Welt, unterdrückt – und jetzt bricht das Licht an: »Das Volk, das im Finstern wandelt, sieht ein großes Licht.« Das ist ein zentraler adventlicher Text.

Errettung aus ewigem Tod

Wer ist das Zeichen dieses ewigen Todes? Johannes der Täufer selbst! Wir müssen lernen, die Bibel besser zu sehen, nicht nur zu hören. Wer Augen hat zu sehen, der sehe; wer Ohren hat zu hören, der höre! Sehen und hören sind in der Bibel eine unzertrennbare Einheit. Die Bibel redet ständig durch Bilder.

In der Gestalt Johannes des Täufers und in seinem Lebensweg schauen wir gleichsam eine Zeichenhandlung. Er sagt über Jesus: »Ich bin nicht wert, daß ich seine Schuhriemen löse« (Joh 1, 27). Was bedeutet das? Ich bin dem ewigen Tod und Schmutz in mir selbst verfallen. Ich bin nicht würdig, im Staub – »Erde zu Erde, Asche zu Asche, Staub zum Staube« – vor dich, Herr, zu treten. Durch diese Zeichenhandlung des Johannes sehen wir die Lage Israels verkörpert: Das Volk liegt am Boden, aber in Buße vor dem, der Israel erretten wird.

Das ist aber auch meine Stellung, vor allem, wenn ich eine Predigt vorbereite oder einen Vortrag. Ich gehe auf die Knie unter dem Kreuz, in den Schmutz vor Jesus. Das bedeutet: Ich bin nichts, ich bin nur verloren und dem Tod geweiht, weil ich Sünder bin. Aber *in ihm* habe ich Segen, Barmherzigkeit, Leben und Zukunft. Die Errettung aus ewigem Tod wird auch in Psalm 30 deutlich betont: »Herr, du hast mich von den Toten heraufgeholt ...« (Vers 4).

Befreiung von Fremdherrschaft in uns und über uns

Bei dieser Fremdherrschaft handelt es sich um die Macht Satans, das Beherrschtsein von Gesetzlichkeit sowie die Unterdrückung durch die Römer.

Israel war seinerzeit so unter satanischem Einfluß, daß Jesus zu seinem ersten und wichtigsten Jünger, Petrus, sagen mußte: »Geh weg von mir, Satan!« (Mt 16, 23). Warum? Petrus ist nicht Satan, aber er befindet sich im Machtbereich Satans in dem Moment, als er Jesu Leiden und dessen Sinn verkennt; und er hat sich damit von Gott und Gottes Zielsetzung entfernt.

In diesem Sinn muß man auch das Wort Jesu verstehen: »Ihr habt den Teufel zum Vater« (Joh 8, 44), als Israel sich auf Abraham bezieht. Das bedeutet nicht buchstäblich, daß Israel vom Teufel abstammt. Es heißt: In ihrer jetzigen Haltung Jesus gegenüber sind die Israeliten absolut verloren, unter der Fremdherrschaft Satans stehend.

15

Der Einfluß Satans geht so tief, daß er sogar bis in den Jünger-kreis hineinreicht. Als Jesus am Kreuz erhöht wird, laufen die Jünger weg. So überwältigend ist diese Dunkelheit, und so nö-tig haben wir Christus und seine Befreiung von Fremdherr-schaft in und über uns.

Ein Licht für die Heiden

Wenn wir Advent feiern, schauen wir auf Texte im Alten Testa-ment, die schon dort auf das Heil für alle Heidenvölker hin-weisen. Ich nenne hier nur drei: »Durch dich, Abraham, wer-den gesegnet alle Völker auf Erden« (1. Mose 12). Der Mes-sias wird sein »ein Held für die Heiden« (sogar mit Vor-deutung auf Palmsonntag und das Kreuz) in 1. Mose 49. In Jesaja 49 steht sogar buchstäblich: »Ich habe dich auch zum Licht der Heiden gemacht.«

Hier öffnet sich vor uns vor allem die Welt des Johannes-evangeliums. Licht und Dunkel, und immer wieder der Kon-trast zwischen diesen beiden sind ja das Hauptthema dieses Evangeliums. Es zeigt uns die absolute Finsternis und Verloren-heit Israels in sich selbst und der Welt in sich selbst und das Licht, Gottes Licht, das die tiefste Finsternis durchfluten und für uns erhellen wird.

Chanukkah

Aus verschiedenen Gründen ist dieses jüdische Fest bei Christen nur wenig bekannt.

Es wird seit der Zeit der Makkabäer gefeiert, ist also ein verhältnismäßig junges Fest. In den Apokryphen, vor allem im ersten und zweiten Makkabäerbuch, sowie in den Pseudoapokryphen, dem dritten und vierten Makkabäerbuch, wird uns seine Entstehung überliefert. Was ist daran im Hinblick auf Christus wichtig?

Ähnlich wie zur Zeit Jesu gab es im 2. Jahrhundert v. Chr. Parteien in Israel, die politische Hilfe außerhalb des Volkes Israel suchten: in Ägypten oder Syrien. Sie taten also gerade das, was dem Herrn mißfällt.

In dieser Zeit begann auch der griechische Einfluß überhandzunehmen. Die Römer waren die großen Verwalter und die tüchtigen Krieger, die Griechen das hochstehende Kulturvolk, und ihre Kultur war Israel überlegen. Das war äußerst gefährlich für Israel, denn mancher Israelit suchte die Wahrheit nun bei den Griechen.

Die griechische Kultur wurde ja für das gesamte christliche Abendland bedeutend. Aber ein bloßes »Kulturchristentum« ist eine große Gefahr. Dahin gehören etwa Chöre, die sich weigern, in einem Gottesdienst zu singen, aber die Passionen in Konzertsälen aufführen. Es sind »Kulturchristen«. Ich habe nichts gegen Kultur. Ich freue mich an Lyrik, Musik und Kunst, soweit dies alles *unter* Christus steht und ihn verkündigen will. So haben Bach, Schütz und viele andere wirkliche Künstler ja auch ihre Werke verstanden. Kultur ist nicht Selbstzweck.

Diese Gefahr dürfen wir nicht unterschätzen. Sie bedrohte im 2. Jahrhundert v. Chr. das Judentum, das sich weithin dem griechischen Einfluß öffnete und zum Kulturjudentum wandelte. Man fing an, sich in griechischer Art zu kleiden. Man wählte häufig nicht mehr biblische Namen für die Kinder, sondern griechische. Die gesamte jüdische Kultur wurde griechisch unterwandert.

Aber der Herr bleibt nicht still, wenn Gottes Volk des Alten oder Neuen Bundes versagt. Er greift ein. Israel wurde seinem Gott untreu. Und Gott?

Er ließ Israel durch einen fremden Herrscher unterdrücken. Das ist seine Art der Vergeltung. Er schickte einen Mann, dessen Name für einen Juden vergleichbar ist mit Hitler und Himmler, mit Arafat und seinen Schergen und ihren Gewalttaten in der jüdischen Geschichte: Antiochus Epiphanes. »Sein Name sei erloschen!« sagt jeder Jude, wenn er ihn nennt.

Antiochus Epiphanes war für die Juden noch gefährlicher als die Römer; denn seine Zielsetzung war, den jüdischen Glauben ein für allemal zu vernichten. Es ging ihm nicht nur um ein physisches Unterwerfen des jüdischen Volkes, sondern um das totale Ausmerzen des jüdischen Glaubens selbst. Er wandelte den Tempel in eine Götzenkultstätte um, wo den Götzen geopfert wurde. Diese absolute Verunreinigung machte es den Juden unmöglich, ihre großen Feste zu feiern, denn dazu gehörten Opfer, und Opfer konnte man nur im Tempel vollziehen. Es war den Juden sogar untersagt, zu beten. Zum Gebet mußten nach jüdischem Brauch zehn Männer zusammenkommen. Dies aber konnte nur unter Lebensgefahr geschehen. (Jesus verheißt dagegen seine Gegenwart schon dann, wenn nur *zwei* seiner Jünger zusammen sind!) Griechische Götter wurden eingesetzt, der Unterricht in der jüdischen Schule wurde durch griechische Weisheit verfremdet.

Die Juden in der Großstadt, in Jerusalem, wurden von der fremden Kultur überflutet, und es gab wenig Widerstand. Der Widerstand erhob sich abseits, in den kleinen Orten, so wie man auch heutzutage bei uns noch in mancher ländlichen Gegend Gottes Wort unverfälscht hören kann. Mattathias Makkabäus und seine Familie wagten einen Aufstand, der national und religiös motiviert war, und sie gewannen. Der Tempel sollte vom Götzendienst befreit und wieder zum Ort der Versöhnung mit Gott bestimmt werden. Der Tempel wurde befreit, und die Griechen wurden militärisch besiegt.

Ich möchte hier eine Anmerkung einfügen zur Abneigung,

die wir gegen die Anwendung von staatlicher Gewalt haben. Sie ist nicht gerechtfertigt. Israel muß sich auch jetzt militärisch verteidigen. Kein Jude darf in Israel den Kriegsdienst verweigern, im Gegenteil, man muß dienen. Davon sind nur orthodoxe Frauen ausgenommen, weil sie keine Hosen tragen dürfen.

Es wurde eine neue jüdische Herrschaft aufgerichtet, ein jüdisches Königreich, und ein Fest der Befreiung gehalten ähnlich wie Passa, wenn auch nicht so wichtig. Dieses Fest wurde plötzlich – so berichtet es Josephus – zu einem Lichtfest. Man fand im Tempel genügend Öl, um den siebenarmigen Leuchter einen Tag lang brennen zu lassen, und es reichte wunderbarerweise acht Tage hindurch. Acht Tage lang feierte man die Weihe des neuen Altars. Die Zahl acht ist hier auch ein Zeichen: Sie deutet auf den achten Tag, an dem im Alten Bund die erforderliche Beschneidung der neugeborenen Jungen stattfand. Der Chanukkah-Leuchter spielt in der jüdischen Tradition eine große Rolle, wenn sie sich auch erst später entwickelt hat und nicht biblisch vorgegeben ist.

Ich will hier zeigen – wie auch später in dem Abschnitt über das alte und neue Passa –, daß Israel immer noch Gottes auserwähltes Volk ist, daß auch Traditionen, die sich erst in der Zeit nach Jesu Erdenleben entwickelt haben, ganz und gar von Christus her zu verstehen sind, ohne daß die Juden das wissen und wollen. Das ist nicht Katholizismus, wenn ich von Traditionen spreche. Es geht mir um etwas ganz anderes. So wichtig ist Israel für Jesus, daß in die Entwicklung der jüdischen Feste immer mehr christliche Züge hineinkommen ohne oder auch gegen den Willen der Juden. Die moderne Chanukkah-Feier mit der besonderen Bedeutung des Leuchters hat einen engen Bezug zu Weihnachten. Ich werde dazu wieder die sieben Grundgedanken ausführen.

Dunkelheit wird vorausgesetzt

Worin bestand sie? Die Dunkelheit war der Opportunismus der jüdischen Politiker genauso wie zur Zeit Jesu. Man war zerstritten, hoffte auf Befreiung von außerhalb, öffnete sich ausländischen Einflüssen. Es gab nicht mehr den innigen Bezug zum Gott Israels. Es war noch schlimmer als zur Zeit Jesu, denn die Pharisäer erwarteten ihren Messias wenigstens aufgrund der biblischen Verheißungen.

Zur Dunkelheit gehörte auch Antiochus Epiphanes, der Israel zu zerstören versuchte, indem er den Glauben Israels ausmerzte. Unter Hitler durften wir Juden unsere Feste feiern. Hitler wollte die Juden als Volk auslöschen, nicht das Judentum als Religion. Bei Antiochus Epiphanes war jegliche jüdische Lebens- und Glaubensäußerung unter Androhung der Todesstrafe verboten.

Vorläufer

Die Makkabäer sind in gewisser Weise Vorläufer Jesu, denn sie befreiten Israel politisch und religiös. Jesus Christus wird Israel – und damit auch die ganze Welt – von dem letzten Feind befreien, von Satan.

Es ist sehr interessant, daß der hervorragende Held »Judas« Makkabäus heißt. Judas ist der Befreier. Der Name war zur Zeit Jesu häufig, und auch Judas Iskariot ist nach ihm genannt. Judas Iskariot wollte eine Befreiung in der Art der Makkabäer, in der Art von Mose. Er forderte Jesus heraus, aber nicht, weil ihn das Geld interessierte. (Die Vorstellung, Juden hätten nur Geldinteresse, stimmt nicht.) Judas Makkabäus war ein Kriegsheld gewesen, der Israel mit dem Schwert befreit und ein jüdisches Reich aufgerichtet hatte, und genau dazu wollte Judas Iskariot Jesus zwingen. Judas war Zelot, und er verkaufte Jesus, damit dieser seine Macht zeigen sollte, indem er Israel von den Römern befreite. Jesus aber sagte: »Vater, nicht mein Wille, sondern dein Wille geschehe.«

Es wäre ein Thema für sich, die Beziehung Judas Makkabäus – Judas Iskariot näher zu untersuchen. Übrigens zeigt Händel in seinem »Judas Makkabäus«, was für ein großer Ausleger des Alten Testaments er ist.

Die Makkabäer als Befreier Israels sind also Vorläufer Jesu, wenn auch die von ihnen erstrittene Befreiung nur vorläufig und gering war gegenüber der umfassenden Befreiung, die Jesus bringt. Dennoch war sie für das Überleben des jüdischen Glaubens wichtig. Israel erhält die endgültige Befreiung durch Jesus von Nazareth, den König der Juden, die viel tiefere Befreiung von uns selbst und vom Satan in uns, um uns, über uns

Der Weg zur Erneuerung

Israel wurde erneuert, der Tempel wurde befreit und gereinigt. Die Juden kamen zusammen, hatten ihren eigenen Staat. Natürlich fingen sie gleich an, miteinander zu streiten. Das passiert immer unter Juden. Churchill sagte: »30 Juden – 31 Parteien.« So geht es sogar im Rat der Juden in Deutschland zu. Der eine steht gegen den anderen, und dann ist da noch ein dritter .. Wir sind ein Volk der Individualisten, und in dieser Hinsicht werden wir erst geheilt, wenn der Messias kommt, wenn Jesus wiederkommt.

Aber für eine kurze Zeit gab es da wieder ein Reich, einen politischen Staat. Israel war auch religiös wiederhergestellt, der Tempel war gereinigt. Das bedeutete einen Weg der Erneuerung für Israel.

Anbrechendes Licht wird gezeigt

Josephus sagt: »Plötzlich ist Chanukkah zu einem Lichtfest geworden.« Darin gleicht es dem Weihnachtsfest. Der Chanukkahleuchter mit seinen 8 Flammen wird zum Zeichen dafür, daß das Licht über der Dunkelheit anbricht, denn Israel wird befreit, politisch und vor allem religiös.

Errettung aus drohendem ewigen Tod des Glaubens

Wenn Antiochus Epiphanes sein Ziel erreicht hätte, wäre das Judentum vernichtet worden. Es gäbe wohl noch Menschen, die der jüdischen Rasse angehörten, aber keinen jüdischen Glauben mehr.

Für Jesus war gerade die jüdische Glaubensgemeinschaft ungemein wichtig. Immer wieder ging er in die Synagoge und zum Tempel. Psalm 30, das Lied zur Einweihung des Tempels, mit dem Lob Gottes (»Du hast mich aus der Tiefe gezogen ...«) über die Errettung vom Tod ist darum unmittelbar mit der Feier des Lichtfestes Chanukkah verbunden.

Befreiung von Fremdherrschaft in und über uns

Israel hatte mit der Welt paktiert, hatte sich nach Ägypten und Syrien um Anschluß gewandt. Jetzt, nach dem Sieg der Makkabäer, war es für kurze Zeit einig. Die Parteien arbeiteten wieder miteinander, wenn auch nicht für lange. Es war eine Befreiung von falschen Wegen geschehen, auf denen man Hilfe im Ausland gesucht hatte statt vom Gott Israels. Die griechische Herrschaft war abgeschüttelt und mit ihr die von ihr drohende Kulturgefahr. Die nächste Gefahr stand jedoch schon vor der Tür, die Gewaltherrschaft der Römer.

Licht für die Heiden

Nur wenn die Juden zu sich selbst finden, wird ein Heilsweg zu den Heiden gehen.

Unter den Makkabäern hatten die Juden ihre Einheit politisch und im Glauben wiedergefunden. Auch Jesus zeigt die Einheit Israels, indem er durch das ganze Land von Norden bis Süden zieht. Dies alles gehört ihm. Er erwählt 12 Jünger zum Zeichen der Wiederherstellung der 12 Stämme zu einem Zeitpunkt, als nur noch die Stämme Juda und Benjamin sowie die Leviten existieren.

Auch am Ende der Tage wird Israel zu sich selbst zurückfinden. Die Rückkehr des Volkes ins Heilige Land ist ein zentrales Ereignis. Für die Wiederkunft Jesu ist eine Voraussetzung, daß die Mission die gesamte Erdbevölkerung erreicht hat; die zweite Voraussetzung ist, daß Israel sich in seinem Land gesammelt hat. Das ist selbstverständlich, denn zu wem kommt Jesus bei seiner Wiederkunft? Zu den Juden, nicht zu uns. Wir werden (nach 1. Thess 4) schon vorher entrückt und gar nicht mehr hier sein.

Weihnachten

Dunkelheit wird vorausgesetzt

Weihnachten ist nicht nur von der Adventszeit her zu verstehen und von dem, was auf die Geburt Jesu hinführt. Die Bedeutung von Weihnachten können wir vor allem im Rückblick von Jesu Botschaft und vom Kreuz her erkennen. Darum führt eine richtige Weihnachtspredigt immer nach Golgatha.

Hier finden wir die Dunkelheit, vor der das Licht von Weihnachten viel heller erstrahlt. So ist zu erklären, daß die größten christlichen Maler dem Kind Jesus in der Krippe oder auf dem Schoß seiner Mutter das Gesicht eines erwachsenen Mannes oder Zeichen des Leidens geben. So läßt etwa Leonardo da Vinci den Säugling Jesus mit einem Lamm spielen.

Die Bergpredigt ist die tiefste und härteste Predigt, die je gehalten wurde. Ihre Mitte ist die Forderung: »Du mußt vollkommen sein wie Gott!« Die Juden merken: Ich kann das nicht, es ist mir unmöglich, das Gesetz zu erfüllen, wie Gott es verlangt. Hier wird die Dunkelheit entblößt, unsere Verlorenheit gezeigt. Am Ende der Bergpredigt steht, daß die Jünger entsetzt sind, und das mit Recht.

Was sagt Jesus über den Tempel, den Ort der Versöhnung? Er weint über ihn und weiß: Er wird zerstört werden. (Daß Jesus ihn in drei Tagen wieder aufbauen wird, haben die Jünger anscheinend nicht gut gehört. Denn sie sind alle außer Johannes vom Kreuz geflohen und waren auf die Auferstehung gar nicht vorbereitet.)

Die Dunkelheit erreicht ihr Ziel, ihren Höhepunkt, ihr Telos in den drei Stunden der Finsternis um das Kreuz. Die alte Schöpfung liegt im Sterben mit Gott, weil wir Gottes Mörder sind.

Nur aus diesem Rückblick wird verstanden, was Weihnachten wirklich bedeutet, warum Gott zu uns kommen muß.

24

Der Vorläufer

Schon in den Ausführungen zu Advent haben wir Johannes als den Vorläufer Jesu betrachtet. Als der letzte Prophet ruft er zur Umkehr. Seine Zielsetzung ist es, Jesus zu finden und zu taufen. Danach aber wird er gefangengesetzt und schließlich enthauptet. Warum? Sein Auftrag hier auf Erden ist zu Ende. Nun beginnen Werk und Auftrag Jesu.

Das bedeutet zeichenhaft, daß auch der Auftrag Israels *vorläufig* beendet ist, indem Jesus alles erfüllt. Johannes ist der Vertreter Israels, der letzte und vollmächtigste Prophet. Israels Auftrag wird durch den wahren König Israels, Jesus, vollendet und weitergeführt. Israel wird einen dunklen, einen Leidensweg gehen, bis die Zeit der Heiden zum Ende kommt (Lk 21), und das ist jetzt.

Der Vorläufer wird dann hinfällig. Er spielt keine Rolle mehr, wenn alle Prophetie in Christus selbst ihre Zielsetzung findet.

Der Weg der Erneuerung

Jesus zeigt ihn uns sehr klar: »Komm und folge mir nach!« Das ist der Weg der Erneuerung. Gottes Reich ist mitten unter uns. In Jesus ist Wahrheit, ist Erfüllung, ist Leben. In Jesu Handeln wird ständig deutlich, daß er *die* Reinheit, *die* Vollkommenheit Israels ist. In Israel aber soll die ganze Welt gesegnet werden. Das ist Gottes Verheißung.

Wann fängt Jesus nun an, der Heidenheiland zu sein? In den Evangelien ist davon noch nicht die Rede. Die Weisen kommen und sprechen vom »König der Juden«. Die Zielsetzung der Evangelien ist: Jesus von Nazareth, König der Juden.

Manche meinen, daß Jesus mit dem Missionsbefehl sein Werk als Heidenheiland beginnt. Sein Auftrag als König der Juden ist beendet, und nun geht das Heil weiter zu den Heiden. Nein, denn schon am Kreuz wird Jesus zum Heidenheiland. Vier Heidenknechte (nach Johannes), Vertreter der Völker in allen vier Himmelsrichtungen, werfen das Los um Jesu Gewand. Es ist das Kleid der Erwählung, das überall in der Bibel eine Rolle spielt: vom bunten Rock Josefs, des Lieblingssohnes Jakobs, über den Prophetenmantel Elias bis zum weißen Gewand der Erwählten in der Offenbarung.

Am Kreuz hängt Jesus von Nazareth als König der Juden, und gleichzeitig fängt hier sein Werk als Heidenheiland an. Der Missionsbefehl ist nur die Weiterführung.

Jesus zeigt uns den Weg zur Erneuerung: Nachfolge heißt er; denn Jesus ist der Weg, die Wahrheit und das Leben.

Anbrechendes Licht

Jesus sagt von sich: »Ich bin das Licht der Welt.«

Im französischen Katholizismus gab es – so widersprüchlich es auch klingt – eine fast pietistische Bewegung, den sogenannten Jansenismus. Blaise Pascal gehörte dazu, der große katholische Denker, dessen verinnerlichte Frömmigkeit den Einfluß des Pietismus zeigt, und ebenso ein Bauernmaler, ein Zeitgenosse Rembrandts. Er heißt Georges de la Tour. Von Rembrandt geprägt, ist er der größte religiöse französische Maler. Offiziell war er katholisch, aber die Aussagen seiner Bilder sind unverkennbar evangelisch.

Georges de la Tour malte fast ausschließlich Bilder, auf denen Licht und Dunkel deutlich ins Auge fallen, und das Licht geht häufig von Jesus selbst aus. Manchmal ist eine Kerze die Lichtquelle. Aber oft kommt das Licht direkt aus dem Körper Jesu und erhellt die Dunkelheit ringsum.

Eine Verheißung auf das in Jesus anbrechende Licht der Welt ist der siebenarmige Leuchter im Tempel. Vom Abend bis zum Morgen sollte er während der Finsternis der Nacht beständig vor dem Herrn leuchten. In Jesus, dem »Licht der Welt«, ist auch dieser alttestamentliche Hinweis erfüllt.

Errettung aus drohendem ewigen Tod

In der Inkarnation zu Weihnachten zeigt sich Jesus als wahrer Gott und wahrer Mensch. »Friede auf Erden!« singen die Engel. Das bedeutet: Gott ist jetzt am Ziel. Was ist sein Ziel? Jesus soll uns mit dem Vater versöhnen, indem er die Bergpredigt für uns im Buchstaben und im Geist erfüllt, damit wir Errettung aus dem ewigen Tod haben. Ohne Jesus gibt es keine Errettung, nur in ihm. Das ist die Zielsetzung, und die Verwirklichung fängt mit Weihnachten an.

Wahrer Gott und wahrer Mensch – denn Jesus hat das Bildgleichnis Gottes wiederhergestellt, das durch den Sündenfall verlorengegangen ist. Wir sind wohl in Gottes Bild geschaffen, aber durch unseren Abfall von Gott haben wir es zerstört. Die Behauptung, daß wir auch jetzt ohne Erlösung Ebenbild Gottes sind, ist unbiblisch und falsch. Das Neue Testament bezeugt deutlich: Wenn wir mit Jesus leben und durch sein Blut am Kreuz gerettet sind, werden wir ihm in seinem Reich gleich werden. Nur Jesus stellt das ursprüngliche Bild wieder her.

Damit schenkt er uns Errettung aus dem ewigen Tod; denn Gott verlangt Vollkommenheit. Wir müssen vollkommen sein, oder wir werden verdammt sein. Von uns aus können wir nicht vollkommen sein. Christus erbringt diese Vollkommenheit für uns, denn er erfüllt die Forderungen Gottes in der Bergpredigt an unserer Stelle, ja, er trägt unser Gericht und unsere Verurteilung: »Verflucht ist der, der am Holze hängt.«

Befreiung von Fremdherrschaft in und über uns

Jesus hat uns von einem falschen Königsverständnis befreit. Herodes, der zur Zeit Jesu regierte, übte gleichsam eine Fremdherrschaft aus und war ein Gegenkönig zu dem wahren König Israels, denn dieser ist Gott selbst. Wie Saul dem wahren Erwählten David gegenüberstand, so Herodes dem König Gottes, Jesus Christus, in dem Gott selbst auf die Erde gekommen war. Das ganze Alte Testament sagt sehr deutlich: Der Herr selbst ist König!

Jesus hat uns aber auch von der Fremdherrschaft Satans befreit. Er hat Satan den Kopf zertreten. Satan darf uns nicht mehr durch Gesetzlichkeit, Schwärmerei oder andere Formen, etwa das Machtstreben der Zeloten, knechten.

Schließlich hat Jesus die Fremdherrschaft des Römischen Reiches von innen her zerstört. Das Kreuz hat das Römische Reich überwunden. Es hat Jahrhunderte gedauert, aber von innen her ist dieses heidnische Reich immer mehr für die Botschaft Christi gewonnen worden. Nicht nur Sklaven wurden Christen, sondern auch Soldaten, Kaufleute und einflußreiche Männer.

Ein Licht für die Heiden

Schon der Beginn des Lebensweges Jesu macht zeichenhaft deutlich, daß Jesus auch zum Licht der Heiden und die Mission zu allen Völkern hinausgetragen werden wird.

Die Weisen kommen aus dem Morgenland und beten Jesus als den Judenkönig an, denn sie »haben seinen Stern gesehen«. Dieser Stern, das Licht der Heiden, führt zu Jesus hin. Schon als Säugling muß Jesus mit seinen Eltern nach Ägypten fliehen. Auch das ist eine Zeichenhandlung: Jesu Heil wird auch zu den Heiden gebracht werden.

Im Missionsbefehl Jesu bricht dann schließlich das Licht für die Heiden endgültig an. Das Wort Christi, das Evangelium, die Botschaft der Befreiung durch Jesu Kreuz soll alle Völker der Welt erreichen – das ist Licht, das herausholt aus der Dunkelheit.

In seinem großen Paulus-Oratorium nimmt Mendelssohn-Bartholdy den Text aus Jesaja 60 auf, der wunderbar zum Weg der Mission paßt: »Finsternis bedeckt das Land.« Ja, Dunkelheit liegt über der Welt, aber das Licht kommt!

Schlußfolgerung

Die Ausführung dieser sieben Grundgedanken läßt uns verstehen, daß die jüdischen Feste auch in ihrer Tradition eng mit dem Christentum verbunden sind. Jesus läßt sein Volk nicht zur Ruhe kommen, und wenn Israel sich bekehrt, werden diese Juden in der Tiefe erfassen, was diese Verbundenheit bedeutet: die Verbundenheit durch die ganze jüdische Leidensgeschichte, die im Grunde genommen nichts anderes ist als die Geschichte Jesu, seine Leidensgeschichte. Je gründlicher wir uns mit diesen jüdischen Festen beschäftigen wie auch mit dem Alten Testament im ganzen, desto genauer sehen wir, daß Jesus sich ständig seinem erstgeliebten Volk bezeugt. Es wird ein ungeheures Geschenk für die Welt sein, wenn die Juden »ihn annehmen, den sie durchbohrt haben«. Dann fängt das Tausendjährige Friedensreich an, und mit Vollmacht des Wortes und der Erkenntnis werden die getauften Juden diese Welt missionieren.

Geschenke (Nachsatz)

Wir assoziieren Weihnachten mit Geschenken, leider. Es ist aber nicht ganz und gar unbiblisch. Zunächst einmal: Wir sind Beschenkte durch die Geburt Jesu. Das ist das Zentrum. Aber der biblische Hintergrund der Geschenke reicht noch weiter: Die Weisen geben dem Christuskind Geschenke. So ist die richtige Reihenfolge: Erst wird man *beschenkt* von Christus, dann wird man selber zum Schenkenden. Die Geschenke der Weisen – Gold, Weihrauch und Myrrhe – haben bekanntlich mit Jesus als dem König, dem Priester und dem Heiland zu tun.

Es ist aber bekannt, daß in Israel das Fest, an dem Geschenke gemacht werden, auch Chanukkah ist. Hier wird das Geschenk Gottes gefeiert, die politische und religiöse Befreiung, die er seinem Volk gab als kleine Vordeutung auf die Zeit, wenn der

Messias kommen wird, um Israel von den fremden Völkern zu befreien. Dann werden die Fremden nach Israel pilgern. Acht Tage lang teilt man unter den Juden jeden Abend Geschenke aus, vor allem beschenken die Eltern ihre Kinder. Denn das Fest dauert des Lichtwunders und der Beschneidung wegen acht Tage lang. (Beides habe ich im Abschnitt »Chanukkah« näher ausgeführt.)

Zur Zeit des Neuen Testamentes hatte die Beschneidung ja auch noch eine ganz andere Bedeutung als heute. Die Juden pochten darauf: »Wir sind die Erwählten Gottes. Das Zeichen der Zugehörigkeit zum Bundesvolk tragen wir an unserem Leibe.« Die Beschneidung allein jedoch bringt niemanden ins Himmelreich, aber sie hat im jüdischen Volk das Wissen wachgehalten, daß dieses Volk durch alle Zeiten hindurch das Leidensvolk Gottes bleibt.

II. Das alte und das neue Passa: Zum Verständnis von Gründonnerstag

Hier haben wir es mit einem alten, würdigen und zentralen Fest in Israel zu tun, das in seiner Bedeutung für den heutigen Juden gleich auf Jom Kippur folgt. Jom Kippur, der Tag der Versöhnung, ist natürlich das allerwichtigste Fest. Darüber brauche ich nicht zu sprechen. Die Verbindungslinie von Jom Kippur zu Jesu Opfergang am Karfreitag wird im Hebräerbrief deutlich genug gezogen.

Einen direkten Bezug auf Jesus als unser Passalamm finden wir im Psalm 22 in den messianischen Versen 16 bis 23. Was hat es nun mit diesem Passafest auf sich? Wenn ein Jude Passa feiert, weiß er um zwei zentrale Aspekte dieses Festes. Es ist sowohl ein Fest der Befreiung als auch ein Familienfest, und ich werde das Thema in beide Richtungen entfalten.

Fest der Befreiung

Das alte Passa

Hier geht es um die Befreiung nur eines Volkes, und zwar des Volkes Israel. Zwar gab es auch unter den Ägyptern eine Gruppe, die wußte, daß Israel Gottes Volk ist und sein Gott der wahre Gott, und sich daher dem Volk auf seinem Weg in die Freiheit anschloß. (Diese Menschen riefen nicht: »Die Juden sind unser Unglück!«, wie es vor 50 Jahren geschah, als man uns nicht Gold und Silber nachwarf, sondern unser Zahngold in Auschwitz konfiszierte.) Zwar umfaßten alle Bestimmungen im Alten Bund nicht nur die Juden, sondern auch die Völker und Menschen, die freiwillig dem Volk Gottes angehören wollten, wie z.B. später Rahab.

Trotzdem kann man im allgemeinen sagen: Passa ist ein Fest der Juden. Um das deutlich zu machen, muß jeder Jude, der Passa feiert, seine Tür für jeden Juden, der unterwegs ist, offenhalten, damit er an der Feier teilnehmen kann. Freilich würde auch einem Nichtjuden, der sich zum Gott Israels bekennt, im Sinne der Thora die Tür geöffnet. Aber es geht vor allem um *ein* Volk.

Wie ist die Befreiung zu verstehen? Man spricht heute von einer »Theologie der Befreiung«, aber diese ist unbiblisch, nicht nur im Blick auf die Botschaft des Neuen Testaments und Jesus, auf die Befreiung, die er schenkt, sondern auch im Blick auf den Alten Bund. Sie sieht ihren Auftrag auf sozialem und politischem Gebiet. Jesus aber weigerte sich, sein Volk sozial und politisch zu befreien. Er hätte die Macht gehabt, Israel aus der Herrschaft der Römer zu reißen, und sein Volk und seine Jünger, nicht nur Judas Iskariot, erwarteten das auch von ihm. Seine Jünger verstanden seinen Weg der Erlösung nicht. Sie verließen ihn, als er ans Kreuz ging. Sie wollten eine Befreiung Israels durch Gewalt, damit die Völker dann zum Glauben an den Gott Israels kommen und nach Israel hinpilgern sollten. Diese Erwartung Israels aber richtet sich in Wahrheit auf die

Endzeit. Das werden sie bekommen, wenn Jesus wiederkommt. Bei seiner Wiederkunft wird er diese Hoffnung erfüllen. Aber damals bei seiner ersten Ankunft auf der Erde tat er es nicht.

Er wollte eine tiefere Befreiung schaffen, die Befreiung von uns selbst und vom Satan, der in uns, um uns und über uns ist. Er wollte offenbaren, daß die äußeren Feinde – ob die Römer oder andere – nicht die schlimmsten sind. Jesus hätte Israel sozial und politisch in die Freiheit führen können. Wenn er sich geweigert hat, sein eigenes geliebtes Volk so zu befreien, sollte er dann dazu bereit sein, das für irgendein Volk Südamerikas zu tun? Wie oft liefert doch eine äußere Befreiung ein Volk einer neuen Knechtschaft aus, die noch viel schlimmer wird als alles zuvor! Ein Beispiel dafür sehen wir im Iran, der die Herrschaft des Schahs gegen die Khomeinis eintauschte. Eine menschliche Befreiung, auch wenn sie im Namen einer zeitgemäßen Theologie geschieht, führt fast immer zu noch schlimmerer Versklavung.

Wenn man die Bibel richtig versteht, liegt auch schon im Alten Testament die Hauptbetonung bei der Passafeier nicht auf der Erlösung von sozialer und politischer Unterdrückung. Es wird zwar davon gesprochen, vor allem in der Haggadah. Das jüdische Passabuch enthüllt beides, biblisches wie traditionelles. Aber diese Aussage geht nicht in die letzte Tiefe. Denn was steckt hinter der ganzen Problematik?

Israel hat es immer zuerst mit seinem Verhältnis zu Gott zu tun. Die erste Tafel Moses steht immer im Mittelpunkt, auch schon in der Zeit, bevor sie gegeben wurde, nicht die zweite Tafel, die Mitmenschlichkeit. Das Problem Israels war der Götzendienst. Das wird klar beim Tanz um das Goldene Kalb, einer zentralen Begebenheit in der Wüste. Das wird deutlich in Josua 24,14b, dem bedeutsamen Text über die Landnahme, als Josua das Volk vor die Entscheidung stellt: »...laßt fahren die Götter, denen eure Väter gedient haben jenseits des Euphratstroms und in Ägypten, und dient dem Herrn.« In diesen zwei Texten sehen wir klar die Problematik, in der Israel steckt. Die wirkliche Befreiung Israels geschieht, indem das Volk wieder in die unmittelbare Beziehung zu Gott gerufen und vorbereitet wird auf den Empfang der ersten Tafel Moses. Israel muß heraus aus Ägyptenland, um nicht ewig in der Götzenanbetung gefangen zu bleiben. Den Tanz um das Goldene Kalb hatten sie ja in Ägypten gelernt. Das Problem der Götzenanbetung, die Gefahr, ihren Weg nur mit weltlichen Augen zu sehen, begleitet das Volk auf der ganzen Wüstenwanderung. Das wird offenbar in der Weigerung, das Land einzunehmen, und zieht sich hin bis Josua 24. Lange hat Israel falsche Götter, falsche Nichtse angebetet, und es dauerte Jahre und Jahrzehnte, bis Israel davon frei wurde.

Wenn ein Jude seine eigene Tradition in der letzten Tiefe so versteht, wird er merken, worum es in der Befreiung, die im Passa gefeiert wird, geht: Hier wird nicht nur der physischen Knechtschaft ein Ende gemacht, der politischen, sozialen und wirtschaftlichen Versklavung in Ägypten, sondern es geht um die Vernichtung des Götzendienstes, der Israel von seinem wahren Gott trennt. Damals waren es die Götter Ägyptens. Später kamen andere wie Baal an die Reihe.

So zeigt sich also auch schon im Alten Bund, daß die politische, soziale und wirtschaftliche Befreiung nur zu dem Zweck geschieht, die eigentliche, nämlich die religiöse, möglich zu machen.

Das neue Passa

Das alte Passa hatte es nur mit einem Volk zu tun, und das ist das Volk der Juden – aber auch mit denjenigen, die sich an dieses Volk halten. Das neue Passa, Jesu Abendmahl, sein Kreuz, ist ein Angebot an alle Völker, kennt keine Völkergrenzen. Es gilt für alle Menschen aller Zeiten und reicht sogar rückwirkend zu denen, die vorzeiten gestorben sind (Karsamstag! Jesus im Totenreich).

Und was ist die Befreiung, die Jesus bewirkt? Wenn schon die Befreiung des alten Passa durch die soziale und politische Auswirkung hin in die religiöse Ebene vorstößt, so wirkt die Befreiung durch Jesus noch viel umfassender. Es geht hier um die Überwindung von Sünde überhaupt, nicht nur um die Loslösung von Götzen. Satan und seine Mächte und Kräfte in uns, um uns und über uns werden besiegt.

Jesus Christus befreit von der Erbsünde, dem Urgötzen und Zentrum allen Unglaubens, nämlich dem Glauben an uns selbst, der uns selbst zum Maßstab aller Dinge erklärt. Ich will so mächtig und kräftig sein wie Gott! Ich will über Leben und Erkenntnis herrschen!

Das Neue Testament bezeugt deutlich an vielen Stellen, daß unser alter Mensch mit seinem Glauben an sich selbst und seinem Drang, sich selbst zu bestimmen, sterben muß. Und das nicht nur ein für allemal, sondern immer wieder neu durch Buße, damit Jesus Christus wirklich Herr unseres Lebens wird. Damit ist das neue Passa eine Überhöhung des alten, und zwar sowohl im Blick auf die Menschen, denen diese Befreiung gilt (es geht nicht mehr nur um ein Volk), als auch im Verständnis seiner Auswirkung.

Familienfest

Passa war nie ein Synagogenfest, sondern vor allem ein Opferfest (und dazu brauchte man den Tempel) und danach ein Familienfest. Passa wurde immer in der Großfamilie gefeiert. Alle, die einem nahestanden, wurden eingeladen, und jeder kam. Wo der Gott Israels in der jüdischen Familie der Mittelpunkt ist, da gibt es Geborgenheit in der Familie. Man feiert Passa als Familienfest mit der Haggada, die eine Mischung aus Bibel und Tradition darstellt; diese wird während eines langen Gottesdienstes gelesen, der auch mit Essen und Trinken zu tun hat.

Es ist heute eine Erinnerung an die alte Zeit, als es noch große Familien gab. Wir stehen so weit in der Endzeit, daß es häufig nicht einmal mehr kleine Familien gibt. Die Menschen leben außerhalb der Ehe. Viele wollen keine Kinder haben oder töten die Kinder im Leib der Mutter. Die absolute Verneinung der Familie ist ein bedeutsamer Aspekt der Endzeit. Erst hatte man die Großfamilie, dann die Kleinfamilie, jetzt hat man nur noch sich selbst. Aber wir selbst sind unser größter Feind. Das ist die Wurzel der schrecklichen Einsamkeit, der Selbstmorde, der Süchte ... In unserer Zeit haben wir alle das Geld, das wir haben wollten, Reichtum, Macht, Wohlstand, und es wirkt sich böse für uns aus, weil der Mensch zugrunde geht, wenn er nur für das Materielle, das Äußere, die Lust und das Geld lebt, für Baal und den Tanz um das Goldene Kalb. Übrigens war bereits Hitler, wenn man ihn richtig versteht, mit seiner Ideologie ein reiner Materialist.

Passa ist also ein Familienfest, und wie steht es damit beim neuen Passa? Beim neuen Passa am Gründonnerstag definiert Jesus seine neue Familie. Er gründet den Neuen Bund: »Das ist mein Blut des Bundes, das vergossen wird für viele zur Vergebung der Sünden« (Mt 26). Diese Linie zieht sich durch das ganze Neue Testament. »Wer ist meine Mutter, und wer sind meine Brüder? Und er streckte die Hand aus über seine Jünger und sprach: Siehe da, das ist meine Mutter, und das sind meine

Brüder! Denn wer den Willen tut meines Vaters im Himmel, der ist mir Bruder und Schwester und Mutter« (Mt 12). Die Gründung des Neuen Bundes der Jesus-Gläubigen gerade an Gründonnerstag nimmt also die Tradition des Passafestes auf, das von Urzeiten an ein zutiefst geprägtes Familienfest war, und ebenso erneuert und vertieft der unmittelbar bevorstehende Kreuzestod Jesu die Tradition des Passafestes als Opferfest.

Gerade die wichtigsten Züge des alten Passafestes bekommen so im Neuen Bund am Gründonnerstag eine neue Bedeutung.

Ich habe schon bei den Ausführungen über Chanukkah gezeigt, daß die jüdische Tradition gegen ihren Willen und ohne ihr Wissen immer mehr an Christus angenähert, ihm nahegebracht wird. Im Rückblick von Christus her enthüllt sich ihr eigentlicher Sinn. Das sehen wir noch deutlicher bei Passa. In der Passatradition – nicht in der biblischen, sondern in der mittelalterlichen – zielt fast alles von zentraler Bedeutung auf Christus, ohne daß die Juden es wissen und ohne daß sie es wollen. Wenn wir auch keine Traditionstheologie wünschen, weder talmudisch noch katholisch, so müssen wir doch erkennen, daß Jesus sein Volk des Alten Bundes so liebt, daß sich sogar die Tradition der Haggada nur auf ihn richtet. So wird Israel, wenn es einmal Jesus annimmt, nicht nur im biblischen Ursprung des Passafestes, sondern in seiner gesamten Tradition den Bezug zu Christus finden. Jesus läßt sein Volk nicht los. Das gilt nicht nur für die biblische Zeit, sondern auch heute.

Wir wollen nun einzelne Elemente der Passatradition betrachten und sehen, was sie mit Jesus zu tun haben.

Das Passalamm

Zur Passafeier muß ein Lamm geschlachtet werden. Es erinnert an den Abend des Auszugs aus Ägypten. In dieser Nacht sollte jeder erstgeborene Sohn der ägyptischen Familien sterben. Gott selbst wollte dafür Vergeltung üben, daß die Ägypter die neugeborenen Söhne der Juden getötet hatten. Damit Israel vor dem Zugriff des Todesengels gerettet wurde, sollte jede Familie ein fehlerloses einjähriges Lamm schlachten und mit seinem Blut die obere Türschwelle und die beiden Türpfosten bestreichen.

Wir haben hier eine genaue *bildliche* Vordeutung von Golgatha. Die obere Türschwelle deutet auf Jesus am Kreuz mit seinen ausgestreckten Armen und segnenden Händen hin, die beiden Türpfosten stehen gleichsam für die beiden Schächer, die neben Jesus gekreuzigt wurden. Die Bibel redet durch Wort und durch Bild!

Die Türschwelle und die Türpfosten weisen aber auch noch auf etwas anderes hin, nämlich auf die Tür zu Gottes Himmelreich. Jesus sagt: »Ich bin die Tür.« Hier auf Golgatha ist der Eingang zum Himmelreich, und einer der Schächer wird Buße tun, Jesus annehmen und durch diese Tür eingehen, der andere wird Jesus verhöhnen, und für ihn wird diese Tür dann verschlossen. Das Kreuz Jesu ist die Tür, denn es steht an der Stelle des Gesetzes für uns. Jesus hat das Gesetz in Buchstaben und Geist für uns vollbracht. An ihm vorbei gibt es keinen Weg ins Himmelreich.

Bei der Passafeier ist es sehr wichtig, daß die Knochen der Lämmer, die geschlachtet werden, nicht zerbrochen werden dürfen. Andernfalls ist das Tier nicht als Passalamm brauchbar. Johannes berichtet von der Kreuzigung Jesu ausdrücklich, daß man ihm nicht die Beine brach.

Wichtig ist auch, daß Jesus jung in den Tod gehen mußte. Er mußte in den besten Jahren sterben, um das Passalamm zu sein: Manche Leute bedauern es, daß Jesus nicht weiß, was es heißt, eine alte Person zu sein, zerbrechlich zu werden, jeden Tag zu merken, wie die Kraft immer mehr nachläßt.

Aber das Passalamm muß einjährig, also jung sein. Es darf auch keinen Fehler haben. Jesus war der einzig Reine. An ihm war keine Schuld zu finden. Auch hier im geistlichen Bereich wird das alte Passa erhöht und vollendet.

Jesu Blut schützt uns gegen den ewigen Tod, wie das Blut des Lammes gegen den Todesengel in Ägypten schützte.

Ein gedeckter Tisch

Es ist sehr interessant, daß Passa auch über einen gedeckten Tisch zu verstehen ist. »Der gedeckte Tisch« heißt ein berühmtes Buch, das Josef Caro im 16. Jahrhundert geschrieben hat und in dem er aufzählt, was ein Jude essen darf und was nicht. Alle diese Gedanken kann man auch in Bezug setzen zu Passa, denn Passa ist eine gesehene, gelebte, gegessene Wirklichkeit. Alle Gerichte auf dem Tisch haben eine zeichenhafte Bedeutung, und das wird sinnfällig bis in den Leib hinein gebracht. Zur Tischgemeinschaft im alten und neuen Passa werde ich im Kapitel »Sabbat und Abendmahl« ausführlicher schreiben, hier vielleicht nur ein paar Worte dazu.

Die gleichnishafte Tischgemeinschaft, die in Jesu Abendmahl vollendet ist, zieht sich durch die ganze Bibel. Dieses Bild beginnt bei Abraham, dem Melchisedek Brot und Wein entgegenbringt. Hier haben wir es ganz deutlich mit Vordeutung auf das Abendmahl zu tun. Die Begegnung mit Gott auf dem Berg Sinai endet damit, daß es heißt: »Sie aßen und tranken.« Jesus hat Tischgemeinschaft mit den Zöllnern und Sündern einerseits als auch mit seinen Jüngern andererseits, um zu zeigen: Ich bin da für alle Menschen, für die Verlorenen und die Berufenen, allumfassend, und diese Gemeinschaft geht bis in den Leib hinein.

Wir denken zu sehr griechisch und ätherisch. Die Bibel denkt nicht so, sie denkt auch leiblich. Auch die Auferstehung muß man von der Bibel her so sehen: »Ich glaube an die Auferstehung des *Leibes*«. Leib, Seele und Geist bilden für die Bibel eine unzertrennliche Einheit.

Womit ist der Tisch nun für die Passafeier gedeckt?

Das Passa-Ei

Dies esse ich immer gerne in dieser Zeit, das Ei in Salzwasser. Wir merken auch hier, wie das Judentum vom Christentum beeinflußt ist. Denn was bedeutet ein Osterei? Es ist Zeichen der Auferstehung. Und ein Ei in Salzwasser? Es bedeutet: Wir gehen lebendig durch den Tod. Dieses Ei ist Zeichen für das Leben, das Salzwasser, gleichsam das Salzmeer, Zeichen für den Tod.

Das Essen des Passa-Eies wurde eigentlich im Mittelalter eingeführt, nachdem schon im frühen Mittelalter, also davor, das Osterei als Zeichen der Auferstehung bekannt war.

Die drei Matzen (Mazzoth)

Sie kommen auch aus der Tradition. Was ist das? Die Matze in der Mitte, zerbrochen, weist auf Jesus. Das Tuch ist die Binde vor den Augen Israels, die verhindert daß sie Jesus sehen. Die beiden Matzen auf beiden Seiten weisen auf die Menschen, die neben Jesus gekreuzigt wurden, und auf die beiden möglichen Reaktionen auf das Angebot Jesu, das Annehmen und das Ablehnen. Den Juden ist nicht bewußt, was die jüdische Tradition hier bedeutet. Judenchristen wissen es.

Charosset

Ein lehmartiges Gericht. Seine Farbe soll an den Ton erinnern, mit dem Israel Stockwerk um Stockwerk, Schritt um Schritt die Vorratsstädte für Pharao gebaut hat. Ich sehe darin, wie Jesus Stück um Stück das Leiden, wie es Israel in der Knechtschaft erlebte, Nagel um Nagel an seinem eigenen Leib, Stunde um Stunde im Leiden auf dem Weg, Schritt um Schritt näher zu Gottes Himmelreich hinaufgenommen hat.

Bittere Kräuter

Der Bezug zu Jesu Opfertod ist sehr klar. Was hat Jesus am Kreuz zu sich genommen? Er hat Wein abgelehnt. Er wollte kein Betäubungsmittel nehmen, nicht vom Gewächs des Weinstocks trinken bis zu dem Tag, an dem er es in seinem Reich tun würde. Als der Hohepriester in Ewigkeit, wie ihn der Hebräerbrief nennt, hielt er sich an das Gebot aus Leviticus 10, daß ein Priester beim Opferdienst keinen Wein trinken darf.

Jesus lehnte den mit Galle vermischten Wein ab, schmeckte aber trotzdem von dieser Galle. Ihre Bitterkeit ist in den bitteren Kräutern der Passa-Feier vorgedeutet. Die Knechtschaft, die Jesus für uns am Kreuz trug, war nicht die Knechtschaft in Ägyptenland, sondern die der Sünde, welche noch bitterer ist als die bitteren Kräuter, die den Frondienst in Ägyptenland symbolisieren. Deswegen nahm er, wenn auch unwillig, die Galle zum Zeichen, daß er die letzte Bitterkeit auf sich lud, die uns um unseres Satansdienstes willen zukam.

Elias Wein

Außerhalb der Tür wird ein Glas Wein für den Propheten Elia hingestellt, der gefüllte Becher, über den der Tod keine Macht gehabt hatte, denn er war lebendig zum Herrn entrückt worden. Er soll wiederkommen, um den Weg des Messias zu bereiten.

Auch hier ist für Christen der Bezug zu Jesus klar zu erkennen. Johannes der Täufer ist der wiederkommende Elia, und er bereitet dem Überwinder des Todes den Weg. Außerhalb der Tür zum Passa lauert der Todesengel.

Alle diese Gerichte, ob sie biblisch begründet sind oder aus der mittelalterlichen jüdischen Tradition stammen, haben direkt mit Jesus zu tun, auch wenn die Juden es nicht wissen oder nicht wissen wollen.

Noch einmal: Matzen (Mazzoth)

Bei der Passafeier mit seinen Jüngern brach Jesus Matzen, d.h. ungesäuertes Brot, und sprach: »Nehmet und esset, das ist mein Leib.« Das ungesäuerte Brot erinnert an den hastigen Aufbruch aus der ägyptischen Knechtschaft. Es wird schnell, ohne Zeitverlust gebacken und hält lange, wie es auf dem Weg durch die Wüste nötig war.

In welcher Weise sind Matzen ein Hinweis auf den Leib Jesu? Er wurde schnell gekreuzigt, aber das Heil, das er durch das Opfer seines Leibes geschaffen hat, hat ewige Auswirkungen, hält ewig an.

Der Tag der Kreuzigung

Jesus feierte Passa nicht am Tag des jüdischen Passafestes. Das ist absolut unmöglich. Er tat es am Tag zuvor. Johannes hat das sehr deutlich und klar überliefert.

1. Eines weiß jeder Jude zu Passa: Niemand geht vor die Tür hinaus. Der Todesengel lauert dort. Das ist ein unheimliches Gefühl, vor allem für ein Kind.
   Jesus aber geht mit seinen Jüngern an diesem Abend hinaus vor die Tür. Jesus kann das als Zeichenhandlung tun: Ich habe Macht über den Tod, auch für meine Jünger. Ich werde den Tod für sie entmächtigen.
   Wer verhaftet Jesus in dieser Nacht? Die jüdische Polizei, die nicht an ihn glaubte. Kein einziger Polizist aber wäre am Passafest hinausgegangen, auch nicht wegen einer dringenden Verhaftung. Man tat das nicht.

2. Jesus bekommt den Saal zum Feiern, einen der schönsten Säle in ganz Jerusalem, erst 24 Stunden vorher. Einen schönen Saal zum Passafest aber muß man mindestens ein Jahr im voraus bestellen. Passa ist ein Opferfest, und opfern kann man nur in Jerusalem, im Tempel. Zu diesem Hauptfest will jeder nach Jerusalem kommen, der es kann. Jesus bekommt den Saal erst 24 Stunden vor dem Fest. Warum? Weil niemand etwas am Abend vor Passa feiert.

3. Johannes sagt uns mit absoluter Authentizität: Als die Passalämmer geschlachtet wurden, wurde Jesus ans Kreuz genagelt. Und das ist die Wahrheit. Er geht an die Stelle der Passalämmer, und das bis auf den Tag und die Stunde genau. So mußte es sein, und es konnte nicht anders sein.

An der Leidensgeschichte Jesu sehen wir besonders, daß alles bei Jesus neu ist. Er zieht zu Palmsonntag mit zwei Eseln ein, und er reitet auf einem, der noch nie geritten wurde, um zu zeigen: Hier ist etwas ganz Neues. Als Unterstreichung dieser Einmaligkeit nimmt er sogar zwei Tiere zu Zeugen.

Jesus wurde von einer Frau zum König über Israel gesalbt. Das ist nicht nur neu, sondern nach alttestamentlichem Brauch unmöglich. Königliche Salbungen mußte ein Prophet oder ein Hoherpriester vornehmen. Maria, Marthas Schwester, nimmt das kostbare Öl und gießt es auf Jesu Haupt. Judas spricht für die moderne Theologie, als er sagt: »Lieber soll man das Geld den Armen geben.« Die Armen, die Nächsten sind wichtiger als Gott. In der modernen Theologie geht fast alles um die Menschen in Not, um die Dritte Welt, aber nicht zuerst um Gott. Das ist Judas. Man muß das deutlich sagen. Jesus aber wehrt ab: »Laßt sie, sie tut das als Vorbereitung auf meinen Tod.« INRI, Jesus von Nazareth, König der Juden – das ist die Inschrift über Jesu Kreuz, und die Tat Marias ist die Salbung zu seinem Königtum über Israel als der gekreuzigte Herr.

Dieses einmalige Geschehen zeigt uns: Mit Jesus ist alles neu, auch wenn alles tiefe Wurzeln im Alten Testament hat. Das ist kein Widerspruch. Beide Testamente sind zu verbinden, es gibt nicht eines auf Kosten des anderen. Man kann auch nicht das neue Israel an die Stelle des alten setzen, wie die lutherische Theologie es tut. Das alte Israel hat hier immer noch seine Bedeutung (Römer 11). »Gottes Gaben und Berufung können ihn nicht gereuen.« Aber gleichzeitig entsteht im Neuen Bund, im neuen Israel etwas ganz Neues, was über den Alten Bund hinausgeht.

Die Zahl 4

Sie spielt in der Haggada eine herausragende Rolle. Was bedeutet diese Zahl in der Bibel? Sie weist auf die vier Himmelsrichtungen, hat allumfassend die gesamte Erde im Blick. Bestimmend in der Haggada, taucht sie den ganzen Abend über immer wieder in der Passafeier auf.

Viermal wird die Frage gestellt: »Warum ist diese Nacht anders als jede andere Nacht?«, und es werden vier Antworten gegeben. Vier Gläser Wein werden getrunken, aber sie werden nicht jedesmal ganz geleert. Wir gießen immer wieder nach.

Dann gibt es die vier Sohnestypen: der Fleißige und der Faule, der Kluge und der Dumme. Ich war als Kind ungeheuer dumm und faul, und ich mußte als der jüngste Sohn diese Fragen stellen und das alles lesen. Das hat mich lange Zeit in Verlegenheit gebracht.

Was hat diese Zahl 4 nun mit Jesus und seinem Leiden zu tun? Ich weise noch einmal auf das Johannesevangelium hin, das uns von den vier Heidenknechten berichtet, die das Los um Jesu Gewand werfen. Sein Kleid ist das Zeichen der Erwählung. Wer Augen hat zu sehen, der sehe; und wer Ohren hat zu hören, der höre.

Wie ich schon einige Seiten zuvor ausführte, spielt das Kleid vom Beginn der Bibel, als Gott Adam und Eva bekleidete, über Josefs bunten Rock und den Mantel der Propheten bis hin in die Offenbarung, wo am Ende von den weißen Kleidern, die durch Jesu Blut gereinigt sind, gesprochen wird, eine Rolle.

Daß von den vier Heidenknechten um Jesu Gewand gelost wird, bedeutet, daß das Heil, die Erwählung, *auch* an die Heiden in alle vier Himmelsrichtungen gehen wird. Das endgültige Passalamm, Jesus Christus, wird so das Heil als Angebot für die Heiden in aller Welt bringen.

III. Das alte und das neue Pfingsten

Die Lesung zum Wochenfest/Pfingstfest, diesem wichtigen Feiertag in Israel, kommt aus dem Buch Ruth. Auch zu diesem Fest möchte ich einige Grundgedanken ausführen, und zwar zum Thema: das alte und das neue Pfingsten.

Pfingsten wurde zuerst als Erntefest gefeiert

Im Alten Bund feierte man das Einbringen der Ernte von den Feldern. Das neue Pfingstfest der Gemeinde Jesu Christi ist auch ein Erntefest, aber es hat mit einer anderen Ernte zu tun, nämlich der Sammlung von Menschen um Jesus Christus. Am Pfingstfest im Neuen Bund fängt diese Ernte an. Zwischen diesen beiden Festen gibt es also einen direkten Bezug, auch wenn diese Gedanken etwas ungewöhnlich anmuten.

Was ist Ernte im Sinne des ganzen Neuen Testamentes? Jesus Christus ist der Sämann, und Ernte ist das, was zu Christus gehört, nämlich Menschen. Es geht um die Ernte, um die Sammlung derer, die zu Gottes Wort berufen sind und jetzt zu Christus gehören. So wie das alte Pfingsten/Wochenfest Gott über der Ernte in der Natur lobte, so beginnt durch das, was am neuen Pfingstfest geschah, die »Menschenernte«; dreitausend Juden bekehren sich zu Jesus.

Pfingsten wird in der Bibel als eine Fortführung und als Schluß des Passa gesehen

In biblischen Zeiten spielte das Pfingstfest/Bundesfest/Wochenfest nicht die gleiche Rolle wie Passa und dann später Jom Kippur. Es ist ein wichtiges, aber nicht eines der allerwichtigsten Feste. Wie ist es bei uns?

Ich finde die Behauptung, der Neue Bund sei zu Pfingsten

gegründet worden, sehr falsch. Pfingsten ist eine Fortführung dessen, was zu Gründonnerstag geschah: »Nehmet und trinket, das ist mein Blut des Neuen Bundes.« Der Neue Bund wird an Gründonnerstag geschlossen, und sein Mittelpunkt sind nicht wir, sondern ist das Blut Christi. Von diesem Zentrum her kann der Bund seinen Auftrag erfüllen; dieser ist Mission, Einbringen der Ernte der Welt. An Pfingsten werden uns die Gaben verliehen, um das auszuführen, was der Herr begonnen hat.

Genauso ist das Pfingstfest in Israel eine Fortführung des zentralen Geschehens am Passafest. Jedem Juden ist das bewußt, denn Pessach, Passa, ist der Ausgangspunkt, von dem an er die 50 Tage bis zum Pfingstfest zählt.

Das entspricht der Zeit von Ostern bis Pfingsten im Neuen Bund. Von Ostern bis Himmelfahrt sind es 40 Tage, und dazu kommen die 10 Tage bis Pfingsten, zusammen 50 Tage.

Die Zahl 50 hat eine besondere Bedeutung in Israel. Jeder Jude weiß, wie sie in unserem Zusammenhang gelesen wird: 7 mal 7 plus 1.

Das 50. Jahr ist das »Heiligjahr«. 7 mal 7 bedeutet: der Schöpfergott mal seine Schöpfung. Dazu zählt man 1. Das erinnert an den 8. Tag, den Tag der Beschneidung: 7 plus 1 Tag. Das »Heiligjahr« ist das Jahr, in dem der Herr mit dem, was er uns verheißen hat ans Ziel kommt. Und Pfingsten im Neuen Bund ist das Ans-Ziel-Kommen der Verheißung, nämlich des Missionsbefehls des Auferstandenen: Gehet hin in alle Welt und bringt ihr das Evangelium, tauft die Menschen und macht sie zu Jüngern! Wann geschieht das? Wann ist das erfüllt? Gerade zu Pfingsten, 50 Tage danach.

50 hat eine besondere hochheilige Bedeutung in der Bibel als eine absolute Zahl. Die 40-Jahr-Feier des Staates Israel ist nicht so wichtig wie seine 50-Jahr-Feier. 40 schließt zwar einen gesamthistorischen Abschnitt ein, dafür können wir Beispiele finden: Die Sintflut dauerte 40 Tage, die Wanderung des Volkes Israel durch die Wüste 40 Jahre, David und Salomo regierten 40 Jahre, Jesus wurde in der Wüste 40 Tage lang versucht. Aber 50 ist noch wichtiger. Das »Heiligjahr« verdeutlicht: Gott ist mit uns am Ziel.

50 Tage werden gezählt vom Passa bis Pfingsten – Wochen-fest – Bundesfest.

Das Bundesfest wird an die Übergabe der Zehn Gebote an Mose auf dem Sinai gebunden

Das Pfingstfest des Alten Bundes, zunächst nur als Erntefest begangen, wird später an das Ereignis auf dem Sinai gebunden, an das Geschehen 50 Tage nach dem Auszug aus Ägypten. Da wird das Volk Israel zum Bund mit dem Herrn befreit, gegründet in den Zehn Geboten, den fünf Büchern Mose, der Thora. Das Erntefest wird nun auch zum Bundesfest.

Wir sehen, daß das Pfingstfest schon im Alten Bund einen vielschichtigen Hintergrund hat, und wer diesen nicht beachtet und nur einen oder zwei Aspekte der Pfingstbotschaft betont, wie es manche Sektierer tun, verliert den eigentlichen Gehalt der Fülle dieses Festes.

Der Bezug auf den jeweiligen Bundesschluß, auf den sich sowohl das alte als auch das neue Pfingsten gründet, macht dieses Fest so wichtig. Wir haben es hier mit zwei Bundes-festen zu tun. Was sind die Unterschiede oder Ähnlichkeiten zwischen dem Alten und dem Neuen Bund?

Der Alte und der Neue Bund haben verschiedene Zielsetzungen

Sie sind beide grundverschieden, und man darf sie theologisch nicht vermengen. Wer den Alten Bund nur vom Neuen Bund her verstehen will, kommt zu einem absolut falschen Verständnis. Das machte Luther zu einem Antisemiten und brachte ihn zu der Schlußfolgerung, Israel sei aus der Sicht des Neuen Bundes verworfen. Israel kann man nur verstehen, wenn man erkennt, was der Alte Bund und was der Neue Bund bedeutet haben und noch bedeuten und wenn man beide nicht vermengt.

Es gibt nur ein Heil, und das liegt in Jesus Christus, aber es gibt zwei Bünde, die Gott geschlossen hat. Beide haben mit

Heil zu tun, aber sie haben verschiedene Zielsetzungen. Der Alte Bund hat historisch mit Heil zu tun, er ist ein volksbezogener Bund und darf nie persönlich verstanden werden. Dagegen ist der Neue Bund ein absolut persönlicher Bund. Jesus holt Menschen aus allen Völkern.

Das Schicksal Israels als Volk ist gleichsam die historische Wegweisung zur Wiederkunft Jesu, denn er wird erst wiederkommen, wenn das Israel des Alten Bundes durch schreckliches Leid in sein Land zurückgekehrt ist. Der Weg des Heils führt über das, was mit dem Volk des Alten Bundes geschieht. Israel muß bis zu der Zeit durch Dunkelheit gehen, wenn es nach seiner Rückkehr getauft werden (Sach 12, 10) und dadurch über das Volk Israel das Heil kommen wird. Das ist ebenso Voraussetzung für die Wiederkunft Jesu wie die Erfüllung des Missionsbefehls, der dem Neuen Bund zugehört. Der Geist der Gnade und des Gebets wird über ganz Israel ausgegossen werden, nicht über einzelne, und das Volk Israel wird als Ganzes gerettet werden, denn sein Bund ist ein kollektiver Bund. Man bekennt sich zu Gott als Volk, nicht als Person. Israels Glaubensbekenntnis heißt nicht: *Ich* glaube an Gott. Ihm wird gesagt: »Höre, Israel, der Herr ist *unser* Gott, der Herr ist eins.«

Der Bund Israels, der Bund des Gesetzes, ist zu Stein geworden, zu Tafeln ohne Leben, wie Paulus sagt, während der Neue Bund in Jesus Christus lebendiges Wort ist und den Missionsbefehl bewirkt. Israel hat nie einen Missionsbefehl erhalten. Völker sind zu Israel gekommen, auch einzelne Menschen wie etwa Rut oder manche Ägypter zur Zeit Moses und haben sich eingegliedert. Aber Israels Zielsetzung war nicht die Mission, sondern Leiden. Der Alte Bund ist ein Leidensbund. Das zeigt sich schon am Blut der Beschneidung. Der Herr, der Gott Israels, wird sein Bundesvolk durch jedes Leiden führen, bis dieses Volk dann nach schrecklicher Not noch einmal sein Land übernimmt und den Messias empfängt – als Volk, nicht als Person. »Das Heil kommt von den Juden« sagt uns Jesus. Jesus ist Jude, und seine Wiederkunft wird erst verwirklicht, wenn die Zielsetzung des Alten Bundes vollendet ist.

Ganz anders ist der Neue Bund zu verstehen. Er meint den

einzelnen Menschen persönlich. Jesus ruft: »Komm und folge mir nach!« Der Weg des Heils ist der Glaube an Jesus. Wer an Jesus glaubt, ist jetzt im Heil, und Jesus holt seine Nachfolger von den Deutschen, von den Franzosen, ja, aus allen Völkern. Kein Volk kann sich als Ganzes zu Christus bekennen, denn es gibt kein Volk, in dem wirklich nur Jünger Jesu sind. Aber die Zielsetzung des Neuen Bundes ist der Missionsbefehl, um alle Menschen mit dem Angebot Jesu zu erreichen. Erst wenn die Weltmission die Enden der Erde erreicht hat, kommt Jesus wieder.

Freilich hat auch der Neue Bund mit Leiden zu tun, weil wir an Jesu Kreuzesblut gebunden sind. Auch führt der Missionsbefehl möglicherweise in Not und Verfolgung. Aber Jesus gibt die Kraft, das durchzustehen, und im Vergleich mit dem, was Juden durch die Jahrhunderte hindurch von Christen erlitten haben, ist die Not gering. Nur am Ende der Tage beginnen wir, nochmals in den Leidenssinn des Bundes hineingezogen zu werden.

So haben beide Bundesschlüsse etwas mit Pfingsten zu tun, wenn auch ihre Zielsetzung unterschiedlich ist. Beide sind Wege zum Heil, das in Jesus ist, der Blutbund des Alten und der missionarische Bund des Neuen Bundes.

Das jüdische Pfingsten hat einen direkten, ständigen Bezug zu den Heiden

Im Jubiläumsbuch, das zu den Apokryphen gehört, wird in Verbindung mit dem jüdischen Pfingstfest auf Noah Bezug genommen. Im noahitischen Bund, den sogenannten 7 Geboten für Noah, sehen die Juden den Bund mit den Heiden. Ein Heide, der sich an diese Gebote hält, ist wie Noah ein Gerechter, im Neuen Testament als Gottesfürchtiger bezeichnet. Er ist nicht dem gesamten jüdischen Gesetz unterworfen.

Ähnlich wird in der Apostelgeschichte entschieden, als man überlegt, wie man mit den Heiden umgehen soll, die Christen geworden sind. Man hat ihnen nicht das ganze jüdische Gesetz und die Beschneidung auferlegt. Das wäre theologisch auch falsch. Petrus selbst sagt, daß wir das Gesetz auch nicht erfüllt haben. Die Heidenchristen brauchen nur Jesus Christus und sollen sich von Blutgenuß, von Ersticktem, von Götzendienst und von Unzucht fernhalten. Das ist dem Sinne nach eine Übertragung des noahitischen Gesetzes, das für die gottesfürchtigen Heiden galt, die sich zum Gott Israels hielten. Diesen Kompromißvorschlag brachte Jakobus, der Bruder des Herrn, ein.

Im modernen Israel wird der Gedanke dieser Gerechtigkeit bei Yad Vashem anschaulich, in den Bäumen der Gerechten. Im jüdischen Sinn gehören zu diesen Gerechten die Menschen, die Juden im Dritten Reich gerettet haben.

Von jüdischen Aussagen über die Gerechten aus den Heiden und vom christlichen Verständnis der Person Jesu her können wir uns so betrachten: Wir sind die Gerechten aus den Heiden.

Von den vier Anordnungen für die Heidenchristen, die in der Apostelgeschichte beschlossen wurden, werden die beiden, die die Schlachtung betreffen, nicht mehr gehalten. Die beiden anderen – über Unzucht und über Götzendienst – sind auch heute noch wichtig. Götzendienst hieß damals Kaiserkult, in unserer Zeit konnten die Heil-Hitler-Rufe das gleiche bedeuten, Vergötzung von Menschen.

Der Bezug des jüdischen Pfingstfestes zu den Heiden zeigt sich auch an einem zweiten Punkt: Die Lesung an diesem Festtag steht im Buch Rut. Dieses Buch beschreibt gerade eine gerechte Heidin, die dann die Großmutter Davids wird. »Dein Gott ist mein Gott« bekennt sie. Damit schließt sie sich dem Volk Israel an, das unter den Verheißungen steht: »Durch dich werden alle Völker gesegnet werden.« »Er wird ein Licht für die Heiden sein.« »Er wird ein Held der Heiden sein.«

Drittens weist *unser* Pfingstfest zurück auf die Geschichte des Turmbaus zu Babel, auf die urheidnische Welt. Denn zu Pfingsten wird die Sprachfähigkeit wiederhergestellt, die Möglichkeit, einander zu verstehen, die in der Sprachenverwirrung des heidnischen Aufstandes (Turmbau zu Babel) gegen den Herrn verloren gegangen war. Die Jünger sprechen in den Sprachen aller, die anwesend sind. Es handelt sich hier nicht um Zungenrede, sondern um Verkündigung des Wortes Gottes, die die Anwesenden in ihrer jeweils eigenen Sprache erreicht. Der Zustand, der vor der heidnischen Zerstörung durch den Turmbau herrschte, wird wiederhergestellt, und das zu Pfingsten.

Wir sehen hier den Rückbezug auf die Heiden im christlichen Pfingstfest, während er im jüdischen Pfingstfest über den noahitischen Bund, die Lesung aus dem Buch Rut und die Anerkennung der gerechten Heiden geht. Beide Feste haben hier die gleiche Blickrichtung, zurück auf das Urheidnische. Dabei nimmt das israelitische mehr den positiven Aspekt auf (Noah, Rut), das christliche dagegen den negativen (die Sprachverwirrung), der überwunden wird. Denn mit Pfingsten wird dann das Wort Gottes zu allen Völkern gebracht, zur gesamten heidnischen Welt. Das Licht geht zu allen Heiden (Jesaja 60).

Die Lesung des Bundesfestes – Wochenfestes – Pfingstfestes, das Buch Rut, hängt sehr eng mit David zusammen

Diese Tatsache ist interessant und wichtig. Das Buch Rut, das Megillah, beginnt mit einem Geschehen in Bethlehem; am Schluß des Buches wird festgestellt, daß Rut die Urgroßmutter Davids ist. (Die Linie geht über ihren Sohn Obed zu Isai, der der Vater Davids ist.) Aus dem Haus und Geschlecht Ruts wird David geboren. Am Anfang steht Bethlehem, das Ende bezeugt Rut als eine gerechte Heidin, die dann zum Volk Israel gehört als eine Vorläuferin (Vorfahrin) Davids bis ins vierte Glied. Damit wird in Israel nicht nur bekannt, daß auch der gerechte König David gerechte Heiden in seinem Stammbaum hat, sondern es wird zugleich eine Vordeutung darauf gegeben, daß der später aus dem Geschlecht Davids kommende gerechte König hier einen Bezug zu den Heiden hat. Von Heidnischem, von Rut, der gerechten Heidin, kommt David her, und durch den endgültigen Sohn Davids wird der Weg zu den Heiden gebahnt: von der Heidin Rut zu David; von Jesus, dem König der Juden, her zurück zu den Heiden.

Ein Zeichen für die enge Verbindung des jüdischen Pfingstfestes mit David zeigt sich auch darin, daß an diesem Fest davidische Psalmen gebetet werden.

Wie steht es mit diesem Zusammenhang bei unserem christlichen Pfingstfest? Das Wesentliche am Ereignis von Pfingsten sind nicht die vielen besonderen Zeichen, sondern das Wesentliche ist das Wort, die Predigt. In der Predigt des Petrus spielt König David eine bedeutende Rolle. Hier besteht ein direkter Bezug zum jüdischen Bundesfest – Wochenfest – Pfingstfest, wie wir aus den vorigen Ausführungen erkennen können. Daß Petrus in seiner Pfingstpredigt solche Betonung auf David legt, ist kein Zufall. Als Jude wußte er genau, daß Pfingsten mit David, mit Bethlehem und der gerechten Heidin Rut, der Vorfahrin Davids, zu tun hat.

Das Bundesfest – Wochenfest – Pfingstfest ist für die Juden ein Tag des Bekenntnisses

Dieses Fest erinnert daran, daß Israel am Sinai die Thora übergeben bekam und mit ihr den Bund des Gesetzes erhielt. Der Alte Bund wurde hier geschlossen: »Höre, Israel, der Herr ist unser Gott, der Herr ist eins.« Zu diesem Bund bekennt man sich als Jude. So ist es folgerichtig, daß das Bundesfest als Tag des Bekenntnisses gefeiert wird. Die Reform liberaler Juden, die Bar Mizwah (die »Konfirmation«) auf den Pfingsttag gelegt hat, hat hier recht und ist konsequent. »Er ist unser Herr. Wir haben einen Bund der Gerechtigkeit mit ihm. Er hat einen Bund mit uns auf dem Berg Sinai geschlossen«, bekennt Israel.

Hat auch unser Pfingstfest Bekenntnischarakter? Es erhält ihn durch den Missionsbefehl. Durch das missionarische Bekenntnis zu Jesus Christus soll das Wort von ihm bis an der Welt Ende ausgestreut werden. So sehen wir auch hier eine Verbindung zwischen altem und neuem Pfingstfest.

Hier geht es auch um das Wort

Im Neuen Testament wird durch das Geschehen von Pfingsten die Verwirrung des Wortes, die sich beim Turmbau zu Babel ereignet hatte, überwunden, und das Wort wird wieder aufgerichtet und wiederhergestellt, und zwar durch die Predigt in anderen Sprachen. So etwas gibt es übrigens auch heute. Mir ist berichtet worden – und ich glaube, daß es wahr ist –, daß in Indonesien bei einem Gottesdienst, an dem Chinesen teilnahmen, ein Prediger in Chinesisch, einer Sprache, die er nicht kannte, das Evangelium verkündigt hat. Das hat nichts mit Schwärmerei, nichts mit Zungenrede oder Ekstase zu tun, sondern das ist Pfingsten.

Freilich muß man mit dieser Sache sehr vorsichtig umgehen. Ich kenne zwei Geschichten, die unheimlich sind. Einmal hat mich jemand angerufen und mir erzählt, daß bei einer Versammlung jemand aufgestanden ist und in einer Fremdsprache gepredigt hat, nicht in Zungenrede. Es handelte sich um Russisch. Die Person sprach fehlerfrei russisch, obwohl ihr die Sprache unbekannt war. Aber eine Russin, die in der Versammlung saß, verstand die Botschaft und wurde gefragt, was sie bedeutete.

Der Prediger hatte verkündet, daß der Teufel Gott ist und Jesus verflucht sei. Seien wir vorsichtig! Satan kann böserweise alles nachahmen, auch das Wunder der Sprachenrede. Als ich dieses Beispiel einmal in einer Versammlung erwähnte, in der ich über dieses Problem sprach, rief mich danach jemand an aus Wolfsburg und sagte, es sei etwas sehr Ähnliches in seiner Gegend passiert: In der Versammlung stand einer auf und fing an, in einer asiatischen Sprache zu reden. Keiner konnte sie verstehen. Der Anrufer brachte zur nächsten Versammlung seinen Freund mit, der aus China stammte und als Ingenieur bei VW arbeitete. Wieder erhob sich jener Mann und sprach in der fremden Sprache. Der Chinese begann zu weinen. Als man ihn fragte, erklärte er: »Er spricht vollkommenes, königliches Mandarin-Chinesisch, aber er sagt, daß der Teufel Gott ist und Jesus verflucht sei.« Seien wir sehr vorsichtig! Satan ist, wie Luther sagt, das Äffchen Gottes und kann Dinge inszenieren, die Wunder sind, aber nicht im Sinne Gottes. Petrus hat klar und unmißverständlich zu Pfingsten verkündet, daß Jesus Christus der Herr, der Gott Israels ist. Das ist echt, das ist von Gott gekommen.

Zugleich ist die Predigt des Petrus ein deutliches Bußwort an das Volk Israel wegen seines Versagens. Ähnlich war es ja auch bei der Übergabe der Zehn Gebote und des Gesetzes Moses, daß dabei eine Strafrede gegen das Volk Israel gehalten wurde, weil es um das Goldene Kalb tanzte, seine Verheißung gering geachtet hatte. Hier wird das Wort in den Mittelpunkt gestellt, das Wort, das uns richtet und aufrichtet, das Bußwort, das Wort der Verheißung und das historische Wort.

Das ist die Art, wie Mission geschieht: Gottes Verheißungswort an Israel und an uns bekanntzumachen und sein Bußwort weiterzugeben, den Ruf zur Umkehr von unserem Versagen – ob es nun Israels Tanz ums Goldene Kalb war oder sein späteres mehrfaches Versagen im Laufe der Geschichte, wovon dann zu Pfingsten die Rede ist.

Eins ist mir sehr wichtig: Alle Bußpredigten im Alten Testament gelten nicht nur für die Juden, sondern ebenso für uns, denn unser Versagen Jesus gegenüber geht mindestens so tief wie das Israels, zumal wir keine Binde vor den Augen haben. Was haben wir Jesus angetan? Wie haben wir seine Botschaft, sein neues Gesetz verflacht! Wie haben wir uns der Welt angepaßt! Wie haben wir Theologien entwickelt, die vom Zeitgeist bestimmt sind, nicht vom Geist Gottes. Sie werden nicht vom Wort geprägt, sondern vom Verstand, entwickeln Rationaltheologien, als ob der menschliche Verstand der Maßstab aller Dinge sei, mit dem wir Gottes Wort hinterfragen könnten. Kierkegaard sagt mit vollem Recht: »Gottes Wort richtet uns, wir richten nicht Gottes Wort.« Die Friedenstheologie, die Frauentheologie, die materialistische Erfolgstheologie oder die sozialistische Theologie – das alles ist Zeitgeist.

Wo das Wort aufgerichtet und wiederhergestellt wird, trennen sich freilich die Geister. Beim neuen Pfingstfest bekehren sich viele, aber andere spotten: »Sie haben zuviel Wein getrunken.«

Pfingsten und Heiliger Geist: Es gibt eine deutliche Linie vom Alten zum Neuen Testament

In dem Predigtheft »Zuversicht und Stärke« (herausgegeben von Scheffbuch, Grünzweig u.a.) habe ich ausgeführt, daß der Heilige Geist schon im Alten Bund wirksam war, auch wenn es für Christen eine überraschende neue Ansicht sein mag. Es ist wahr.

Woher wissen wir das? Nicht nur aus dem Alten Testament, sondern auch aus dem Neuen. In Römer 9,4 zählt Paulus die Gaben auf, die Israel mit der Gotteskindschaft empfangen hat, und er meint: Nachdem Israel Jesus abgelehnt hat, bleibt ihm doch immer noch der Gottesdienst. Gibt es aber einen Gottesdienst ohne Heiligen Geist? Jawohl, wenn dort politisch und sozial und menschlich gepredigt wird – aber das ist Menschendienst und kein Gottesdienst. Aber in der Synagoge steht Gott oder soll Gott im Mittelpunkt stehen. (Natürlich gibt es auch Modernisten unter den Juden wie unter den Christen.) Wo aber der Herr das Zentrum ist, da ist auch im Alten Bund der Heilige Geist am Werk.

Er hat natürlich eine andere, keine missionarische Funktion, sondern eine Bekenntnisfunktion in bezug auf Israels eigenen Leidensweg. Es geht um das Durchhalten bis ans Ende, bis der Messias kommt und Israel (von unserer Sicht aus) getauft wird.

Gottes Geist – das ist ein zentrales Thema der Bibel. »Der Geist Gottes schwebte auf dem Wasser«, heißt es schon im Schöpfungsbericht auf den allerersten Seiten der Bibel. In 4. Mose 11 (Vers 25 und 29) wird berichtet, daß Gottes Geist auf Mose und die 70 Ältesten kam und Mose wünschte: »Wollte Gott, daß alle im Volk des Herrn Propheten wären und der Herr seinen Geist über sie kommen ließe!, daß sie alle mit prophetischer Vollmacht reden könnten.« Das wird vertieft und verdeutlicht in Joel 3 und erfüllt zu Pfingsten.

Es ist eine deutliche Linie vom Alten Testament her, daß wir alle im Sinne des Wortes durch den Heiligen Geist Propheten werden dürfen und sollen. Es geht hier keinesfalls um Ekstase, sondern um das Wort. Denn das Wort hat Leben geschaffen.

Das Wort wurde beim Turmbau zu Babel verwirrt, und das Wort wurde wiederhergestellt durch Pfingsten.

Die Zeichen an Pfingsten zeigen das Wesen des Geistes Gottes

Zuerst ist der Wind zu nennen. Zu Gotteserscheinungen, zur Theophanie gehört unter anderem die Stärke des Windes, aber gleichwohl gibt es auch wie bei Elia das leise Säuseln des Geistes Gottes, der in unseren Herzen spricht, und das führt hin zu der Stille zu Gott (Ps 62) und dem Neuen Testament. Wind zeigt sich in beiderlei Art.

Ich kann mich erinnern, wie ich in meiner Kindheit außerhalb von New York einen tropischen Sturm erlebt habe: Wind, der alles zerstören kann, Bäume ausreißen, Dächer von Häusern wegfegen ... Die ganze Welt war verändert, und ich merkte, wie klein wir sind, wie groß aber der Herr in seiner Stärke ist.

Aber es gibt auch den leisen Hauch von Wind, den Elia hört, nachdem der Sturm, das Feuer und das Erdbeben vorbei sind. Er vernimmt die innige Stimme Gottes, den Ruf Gottes. Das ist die ruhige, stille, innige Stimme Jesu: Kehret um, kehret zurück zur mir!

Unter unseren Predigern haben wir solche, die von der Prophetie geprägt sind, und andere, die aus stillem und innigem Geist reden. Aber beides gehört zueinander. Es gibt die stürmische, überwältigende Kraft Gottes und das leise Säuseln des Windes.

Wind kommt, wo und wann er will, wie Johannes sagt. Das bedeutet, daß wir über diesen Geist nicht verfügen. So war es schon beim Pfingstfest in Israel. Der Geist kam über sie. Die Gebote wurden ihnen gegeben. Aber dieser Bundesschluß war eine Gabe Gottes, nicht ein Kompromiß, den wir mit Gott eingehen. Wind kommt, wo und wann er will. Das bedeutet auch: Wahrer Glaube ist ständig dem Herrn ausgeliefert. Er ist nicht in unseren Frömmigkeitsformen festgefügt, die manchmal zum Selbstzweck geworden sind. Frömmigkeit ist nicht unser selbstgebasteltes System, sondern Antwort auf das Tun Gottes. Das kann gefährlich sein für fromme Leute, die an ihren frommen Formen wie im Mittelalter festhalten. Man hat Vaterunser, Paternoster, tausendmal am Tag gebetet und geglaubt, man sei fromm. Die Mitte der Frömmigkeit aber ist dieses Windverständnis des Heiligen Geistes: Gott kommt über uns, er macht neu. Wir lassen Gott Raum in unserer Person. Er zeigt den Weg, nicht wir. Die Gefahr für manche frommen Menschen ist, daß sie so sehr mit ihrer Frömmigkeit beschäftigt sind und dadurch Gott viel zu wenig Raum geben, daß Frömmigkeit wie bei den Pharisäern zu Selbstwerk und -zweck wird.

Gott kann uns überwältigen. Ich habe das persönlich erlebt. Er hat mich aus meiner alten Heimat, aus meinem alten Glauben, aus meinem alten Beruf herausgerissen. Ich weiß, was für einen mächtigen und kräftigen Gott wir haben. Wir müssen Gott mehr Raum lassen. Das soll nicht zur Schwärmerei, sondern zu seinem Wort führen.

Er weht durch sein Wort. Dieses Wort kann und soll unser Leben immer wieder erneuern. Der Wind ist unverfügbar. Wir verfügen nicht über die Wirkung des Wortes, sondern er verfügt darüber. Das ist sehr wichtig für die Bekehrten wie für die Nichtbekehrten. Der Heilige Geist wirkt nur durch das Wort, das uns ganz verändern kann, uns ganz plötzlich neue Wege in der Mission öffnen kann. Wir sehen das etwa an Paulus, den der Heilige Geist nach Europa weist. Der Heilige Geist trifft die Entscheidung, nicht Paulus. Wir haben den Heiligen Geist nicht im Griff.

Das ist natürlich eine tiefgreifende Problematik der Charismatiker und Pfingstler, die versuchen, den Heiligen Geist für ihre eigenen Zeichen und Wunder verfügbar zu machen. Das war die Art der Schriftgelehrten und Pharisäer Jesus gegenüber. Sie wollten ihre Zeichen haben. Jesus hat viele Zeichen getan, aber seine, nicht die von den Schriftgelehrten und Pharisäern gewünschten. Den Wundersüchtigen, die den Heiligen Geist für sich haben wollten, sagte Jesus: Ich gebe euch nur ein Zeichen, nämlich die drei Tage Jonas im Bauch des Fisches. Kreuz, Kreuzesnachfolge heißt dieses Zeichen.

Gottes Geist ist eine überwältigende Sache, aber nicht im

schwärmerischen Sinn, daß Gott die Wunder tut, die wir von ihm verlangen, sondern in der Weise, daß sein Wort unser Leben ändern kann, wenn unser Wesen und unser Herz ihm geöffnet sind.

Das bedeutet nicht nur Bekehrung, sondern Wegweisung empfangen im täglichen Leben, in der Mission und in der Seelsorge. Manchmal hören wir diese innere Stimme. Sie drängt mich etwa, auch wenn ich müde bin, einen Besuch im Krankenhaus zu machen, und gerade dann habe ich eine unerwartete, wichtige Begegnung dort. Offen sein für Gott – darauf kommt es an.

Das zweite Zeichen, das wir zu Pfingsten erkennen, ist das Feuer. Des Herrn Geist zerstört das Alte, und jede in Vollmacht gehaltene Predigt tut das auch. Denn wer nicht in Christus ist, ist im Tod. Er sagt: »Ich bin das Leben.« Außerhalb des Lebens aber befindet man sich im Tod, in einem Schattenbereich. Gott redet aus dem Feuer wie bei Mose, als er ihn nach Ägypten zurücksandte, Gottes Willen auszuführen. Wie ein Feuer soll die Bußrede des Petrus reinigend wirken. Das Alte wird zerstört.

Pfingsten hat mit Taufe zu tun

Wir wissen aus den biblischen Berichten, daß sich beim Pfingstfest des Neuen Bundes 3 000 Juden bekehrten und taufen ließen. Im Missionsbefehl heißt es: »Predigt das Evangelium aller Kreatur. Wer da glaubt und getauft wird ...« (Mk 16). Zuerst kommen Menschen zum Glauben, dann werden sie getauft.

Die Kindertaufe ist ein Thema für sich, aber sie beruht auf einem wichtigen biblischen Grund. In Römer 6 schreibt Paulus: »Wir sind alle in Jesu Tod getauft.« Das ist die grundlegende Deutung. Hat sich einer seiner Jünger für Jesus am Kreuz entschieden? Kein einziger, sie liefen alle weg. Nur Johannes stand da, nicht aus Glauben, sondern aus Liebe und Pflichtbewußtsein. Jesus entscheidet sich für uns am Kreuz, und wir sind in seinem Kreuz getauft. Er entscheidet sich für jeden Säugling, der getauft wird, in seiner Taufe. Aber dann müssen wir auf Jesu Entscheidung für uns antworten, indem wir sie annehmen. Der Weg des wahren Glaubens wird dann in der Nachfolge gegangen. Die Taufe ist nicht das Zentrum. Niemand kommt ins Himmelreich, weil er getauft ist. Man kommt ins Himmelreich, weil man getauft ist und glaubt, weil man in der Nachfolge Jesu lebt. Freilich stimmt auch die andere Aussage nicht: Alle, die getauft sind, sind Christen. Ohne Antwort auf das, was Christus uns gebracht hat, ohne Nachfolge im Glauben gibt es kein Christenleben.

Auch das jüdische Pfingstfest hat etwas mit Taufe zu tun. Das Volk Israel soll sich heiligen und seine Kleider waschen. Das geschieht durch reinigendes Wasser. Freilich hat dieser Brauch keinen biblischen Ursprung, sondern kommt aus der Entwicklung der pfingstlichen Tradition. Man findet ihn heute noch unter marokkanischen Juden. Zu jedem Pfingstfest waschen sie ihre Kleider, um zeichenhaft deutlich zu machen: Sie sind gereinigt.

Beim neuen Pfingstfest geschieht die Taufe in dem Tod Jesu, ursprünglich durch Untertauchen im Wasser. Hier sieht man einen direkten Bezug zwischen der Tradition des jüdischen Pfingstfestes und dem neuen Pfingsten.

Pfingsten geschieht an *einem* Ort

Die Apostelgeschichte erzählt, daß die Jünger am Tag des Pfingstgeschehens an *einem* Ort, in einem Haus versammelt waren. Warum wird das betont? Weil hier das neue Haus Israel, das an Gründonnerstag gegründet wurde, bestätigt wird. Sie kommen alle an *einen* Ort, wie dann auch die vielen, die *eine* Sprache verstehen, in der die Sprachverwirrung überwunden wird. So wird hier die Einheit unterstrichen, die in Christus hergestellt ist und trotz aller Zerrissenheit in Gemeinden und Gemeinschaften bleiben soll.

Wie steht es damit im Alten Bund? Er wurde mit dem ganzen Volk, 600 000 Männern gegründet, an *einem* Ort, nämlich am und vor dem Sinai.

Alle herausragenden Ereignisse im Leben Jesu mit Ausnahme seiner Geburt in Bethlehem fanden an *einem* Ort statt, nämlich in Jerusalem: Leiden, Kreuz und Auferstehung sowie das von ihm später angekündigte Pfingsten.

Übrigens ist es interessant, daß der Staat Israel 1948 mit etwa 600 000 Menschen gegründet wurde, und das war der Rest, der Zehnte von 6 Millionen, die vergast worden waren. Das ist kein Zufall.

Pfingstpredigt ist historische Predigt

Wie der Bundesschluß unter Mose die historische Tat Gottes in der Befreiung seines Volkes zur Voraussetzung hatte, geht es auch in der Pfingstpredigt des Petrus um die Geschichte Gottes mit seinem Volk.

Wahre Predigt kann nicht nur danach fragen, was dem Hörer jetzt seelsorgerlich nutzt. Diese Tendenz unserer Zeit kann sehr leicht zum Sektierertum führen. »Was habe ich davon?« ist erbsündliches Denken.

Ich denke historisch, nicht nur, weil ich Historiker, sondern weil ich Jude bin. Wir leben in einem historischen Glauben, in einer 5 750 Jahre langen Tradition der Geschichte Gottes mit dem Volk Israel, in die wir eingepfropft sind, in die wir gehören. Dieser Gedanke aus Römer 11 von den Wurzeln, die uns tragen, wird gerade heute, glaube ich, deutlich konkret.

Die Betonung des geschichtlichen Verständnisses ist ungeheuer wichtig. Geschichtliche Predigt geht durch die ganze Bibel. Der Mittelpunkt des ganzen Lebens Salomos etwa ist seine geschichtliche Rede bei der Einweihung des Tempels. Auch die Rede des Stephanus in seinem Martyrium nimmt auf die Geschichte des Volkes Israel Bezug. Petrus gibt hier einen geschichtlichen Überblick.

Dabei hat Geschichte immer einen doppelten Aspekt. Es geht um das Handeln Gottes durch Jahrtausende hindurch im Alten und im Neuen Bund und zugleich um unsere persönliche Geschichte mit dem Herrn. Franz Kafka, der vielleicht größte Dichter in unserem Jahrhundert, schrieb eine kurze Erzählung mit einer tief biblischen Aussage: An einem Regentag kommt ein Mann in eine große deutsche Stadt und betritt eine Kirche, um Schutz zu suchen. Es ist kein Sonntag, sondern ein normaler Arbeitstag ohne Gottesdienst. Aber plötzlich erscheint ein Pfarrer im Talar, geht auf die Kanzel und hält diesem Mann eine Predigt, in der seine Geschichte, sein Leben und die Wahrheit über ihn angesprochen werden. Kafka, ein überzeugter Jude, hat genau verstanden, was Predigt ist: Gottes Wort trifft uns, und zwar nicht nur in unserer jetzigen Situation, sondern unsere ganze Geschichte mit dem Herrn tritt ans Licht, das Versagen wie auch die Verheißung und die Führungen.

Wir leben in einer geschichtslosen Zeit. Wenn wir wirklich eine tiefe Beziehung zu Jesus wiederherstellen wollen, wird das über die Geschichte, über das Alte Testament, über die alten Feste usw. gehen. Wenn es uns aber nur um die Bestätigung geht, daß Jesus jetzt lebt und wirkt, und wir nur Beweise dafür haben wollen, werden wir ständig der Gefahr des Sektierertums ausgeliefert sein. (Selbstverständlich lebt und wirkt Gott jetzt, dafür ist die Geschichte Israels gerade in unserer Zeit ein Beweis.) Weil Gott geschichtlich wirkt, gestaltet er jetzt Geschichte, und unsere Gegenwart ist auch das Zentrum prophetischer Verkündigung.

Pfingsten ruft zur Erweckung

In der jüdischen Tradition des Pfingstfestes wird gesagt, daß das Volk Israel schlief, als Mose auf den Berg Sinai kam. Das ist nicht biblisch, sondern nachbiblische Tradition. Aber darum hält man jetzt die ganze Nacht Wache. Viele fromme Juden tun es. Dieses Mal schlafen wir nicht! Der Geist des Schlafs soll nicht über uns kommen!

Im Garten Gethsemane wird dieses Thema im Neuen Testament ungeheuer wichtig. Im Blick auf Erweckung ruft auch unser wichtigstes Pfingstlied: »Wach auf, du Geist der ersten Zeugen ...« Das paßt wunderbar zu dieser jüdischen Tradition. Durch den Bund und die Kraft Gottes soll Erweckung geschehen. Der Kern solcher Erweckung ist das Wort, und das

Wort steht auch im Mittelpunkt des Pfingstgeschehens, in der gewaltigen historischen Predigt des Petrus. Das erwähnte Pfingstlied ruft auch uns zur Erweckung, zu neuem Leben in Christus.

Die Wirkungen Gottes in der Vergangenheit bürgen für die Gegenwart. Denn Gottes Heiliger Geist ist gegenwärtig. Es ist kein Widerspruch zwischen dem historischen Gott und dem, der heute redet und sein Wort erfüllt. Es ist derselbe Gott, der, welcher war, ist und sein wird.

Deswegen bekommen wir immer wieder einen neuen Bezug zu Christus über das Alte Testament, wie es in diesen Ausführungen geschieht. Wir bekommen ihn aber auch von der Zukunft her, von den Verheißungen an Israel und die Gemeinde, die Jesus verwirklichen wird. Wir leben dieser Zukunft entgegen. Wir erfahren die Gegenwart Gottes durch sein Wort, weil der, der war und sein wird, jetzt mitten unter uns ist.

Das ist letztlich der Sinn von Pfingsten: Der Herr ist mitten unter dem Volk Israel bei der Übergabe der Zehn Gebote an Mose und die 70 Ältesten, die das Volk vertreten. Und der Herr ist mitten unter seinem neuen Haus, seiner neuen Gemeinde am Pfingsttag, als dann 3 000 Juden bekehrt wurden.

Er ist jetzt mitten unter uns. Gelobt sei er!

IV. Sabbat und Abendmahl

Zwischen Sabbat und Abendmahl sehe ich tiefe Verbindungen, und zwar
- im Blick auf den Zeitraum, auf den diese Feiern sich beziehen,
- im Blick auf die Gemeinschaft, die sie voraussetzen und schaffen,
- im Blick auf die geschichtliche Dimension und
- im Blick auf den kultischen und sakramentalen Aspekt einschließlich der Freude des Empfangs.

Sabbat und Abendmahl umfassen Vergangenheit, Gegenwart und Zukunft

Bei der Sabbatfeier blickt man natürlich auf die Vollendung der Schöpfung Gottes am siebten Tag zurück, Gottes Ruhetag. An diesem Tag muß auch Israel mit der ganzen Schöpfung ruhen, denn der Herr ist am Ziel. Das ist sein Schalom.

Es ist absolut verkehrt, in der Erschaffung des Menschen die Zielsetzung der Schöpfung zu sehen, wie es heute die meisten Menschen tun. Wenn das stimmte, wäre die Zielsetzung der Schöpfung Krieg, Haß und die ganze übrige Auswirkung des Sündenfalles. (Die Menschen waren sehr gut geschaffen, aber sie sind gefallen.) Die Zielsetzung der Schöpfung aber ist Gottes Frieden, sein Schalom, auch für die Menschen, die Tiere, den ganzen Kosmos. Darum ruht sie mit dem Herrn am Sabbat. Gott ist am Ziel mit der Welt. Da wird nicht gearbeitet. Gott ruht, und die Schöpfung wird mit ihm vollendet sein.

Wie steht es mit dem zeitlichen Rückbezug bei der Abendmahlsfeier? Unser Glaube stützt sich auf geschichtliche Tatsachen. Wir blicken zurück auf das alte und neue Passa, auf Gründonnerstag. Da geschah die Gründung unserer Kirche: »Nehmt und trinkt, das ist mein Blut des Neuen Bundes.« Gründonnerstag ist das christliche Passa, das Fest der Befreiung, das Familienfest, die Wegweisung Jesu zu seinem Kreuz. Wenn wir Abendmahl feiern, denken wir an die Zielsetzung der Geschichte Gottes, die »Mitte der Zeit«, wie ein kluger Theologe das Kreuz Jesu einmal genannt hat. Am Kreuz hat Jesus den Frieden mit Gott erworben, den Zorn Gottes gestillt, denn er hat alles vollbracht, das ganze Gesetz hat Jesus in Buchstaben und Geist erfüllt. Am Kreuz Jesu wird die alte Schöpfung mit ihrer Erbsünde und ihrem Verfall und deren Auswirkungen überwunden. Der Weg zur neuen Schöpfung ist gebahnt. Hier erkennen wir einen direkten Bezug zur Sabbatfeier des Alten Bundes.

Die alte Schöpfung liegt zeichenhaft mit Jesus drei Stunden lang im Sterben. Wir sind Gottesmörder. Er hängt dort allein, denn die Jünger haben ihn im Stich gelassen. Jesus spricht dann am Kreuz sieben Worte, diese sind die Wegweisung zu der neuen Welt und der neuen Schöpfung.

Wenn wir Abendmahl feiern, blicken wir zurück auf das Kreuz. Gleichzeitig geht es aber sowohl beim Sabbat als auch beim Abendmahl ebenso um die Gegenwart.

Der Sabbat fängt am Freitagabend an. Der Tag in Israel beginnt mit Sonnenuntergang: »Da ward aus Abend und Morgen der erste Tag.« Auch für die Emmaus-Jünger bricht am Abend ein neuer Tag an; eine neue Wirklichkeit wird durch die Erkenntnis des auferstandenen Christus, unseres Herrn und Erlösers eröffnet: »Bleibe bei uns, denn es will Abend werden, und der Tag hat sich geneigt«, hatten sie ihn gebeten.

Der wichtigste Augenblick bei der Sabbatfeier ist der, wenn die Tür aufgemacht wird. Jeder schaut nach Jerusalem, und die Braut wird mitten unter die Gemeinde hereingeführt. Die Braut ist der Sabbat selbst und feiert mit der Gemeinde der Gläubigen diesen Ruhetag. Der Sabbat, die Braut, ist mitten unter uns als Zeichen für die absolute Gegenwart von Gottes Schalom, von Gottes Am-Ziel-Sein mitten unter uns.

In unserer Abendmahlsfeier heißt die Aussage: Jesus Christus, der Gekreuzigte, ist mit Leib, Geist und Seele mitten unter uns. Er ist gegenwärtig, fleischlich, wie die Braut bei der Sabbatfeier. Das ist ungeheuer wichtig zum Verständnis dessen, was Abendmahl wirklich bedeutet. Der Herr ist mitten unter seinem Volk, und Jesus ist mitten unter seinem Volk in seinem gekreuzigten Leib, in seinem Blut, in seinem Bund. In der Feier des heiligen Abendmahls nehmen wir diese Wirklichkeit bis in unseren Leib hinein.

Er ist kein ferner Gott, er ist ein Gott unter uns. Als Christen machen wir oft einen merkwürdigen Fehler, indem wir sagen, in der Geburt Jesu zu Weihnachten kam Gott mitten unter uns, und vorher war er dort nicht. Der Herr, der Gott Israels, war immer bei seinem Volk. Er wandert mit seinem Volk hier auf Erden, und im Allerheiligsten (einem unbefleckten Ort, den kein Mensch betreten darf außer dem Hohenpriester an dem einen Tag der Versöhnung) steht er inmitten der Welt und schaut auf sein Volk. Der Unterschied besteht darin, daß er in Christus leibliche, menschliche Form annimmt. Die Gegenwart Christi ist ungeheuer wichtig für uns. Gott ist nicht nur ein Gott der Ferne. Er ist auch ein Gott, der uns nahe ist, der uns liebt, der wie ein Vater mitten unter uns ist, aber der auch Abstand von uns hält, der richtet und unbestechlich und gerecht ist. Gott ist beides zugleich: nah und fern.

Zu einer richtig verstandenen Sabbatfeier gehört aber auch die zukünftige Dimension, der Blick auf die Zeit, wenn der Frieden Gottes, die Erschaffung der Welt in dem messianischen Reich vollendet wird. Der Herr ist bei seiner Gemeinde nicht nur gegenwärtig, wir feiern nicht nur seine Ruhe von der Schöpfung her, sondern er will und wird ans Ziel kommen. Das wird in der Zukunft geschehen, wenn er sein Tausendjähriges Friedensreich hier auf Erden errichten wird. Dieses Thema zieht sich durch das ganze Alte Testament. Wie kann die moderne Theologie sagen, daß es dieses Reich nicht geben wird? Das fängt mit Noahs Arche an. Der Frieden zwischen den Tieren und den Menschen mit dem Herrn allein ist eine modellhafte Vorausschau auf das, was sein wird. Das Thema geht weiter über Jesaja 11 und andere wichtige Texte. Weil der Sabbat diesen Blick auf den Messias richtet und sein Kommen, mit dem die neue Schöpfung anfangen wird, feiern wir den Sonntag als den Tag der Auferstehung Jesu Christi, in dem der Messias das erstemal kam. In ihm begann die neue Welt, in ihm als dem wahren Menschen. Sonst sind wir nur gefallene Kreaturen.

Wie steht es mit der Zukunftsperspektive bei der Abendmahlsfeier? Eine sehr wichtige Rolle spielt bei dieser Feier der Ruf: Maranatha – Herr Jesus Christus, komme wieder, uns zu erretten! Wenn sein Tausendjähriges Friedensreich hier auf Erden angebrochen sein wird, dann wird die Bedeutung seiner Auferstehung sichtbar werden und alles dessen, was er für uns getan hat.

Abendmahl und Sabbat sind verbunden im gemeinsamen Umfassen von Vergangenheit, Gegenwart und Zukunft.

Sabbat und Abendmahl setzen Gemeinschaft voraus und schaffen sie

Der Sabbat ist nicht nur ein Synagogenfest, sondern ein Familienfest sondergleichen. Auch wenn ich ein liberaler Jude war, kann ich mich daran erinnern, daß meine Mutter jeden Sabbat die Kerzen angezündet und ein Gebet über uns gesprochen hat; und Gottes Segen war über uns in einer Stille, in einer Ruhe, in der Gemeinschaft der Familie mit dem Gott dieses Bundes, dieser alten Familie, dem Volk Israel. Jede jüdische Hausfrau hat große Sehnsucht nach der Sabbatfeier mit ihrer ganzen Familie; sie steht als eine Einheit, die kleine blutsmäßige Familie innerhalb der großen Familie des Herrn, berufen von dem Gott Israels.

Auch das Abendmahl ist eine Feier der Gemeinschaft. Wir feiern es als Erlöste. Ich rufe bei jeder Abendmahlsfeier: »Jeder ist würdig, zum Tisch des Herrn zu kommen, der weiß, daß er unwürdig ist, vor dem Herrn zu stehen.« Buße ist die rechte Voraussetzung. Laßt uns nicht Leute ausschließen vom Abendmahl! Jesus hat in dem großen Abendmahl ganz anders gehandelt, und er hatte Tischgemeinschaft auch mit den Zöllnern und Sündern. Es besteht die große Gefahr bei uns, daß wir uns als die Gerechten und die Brüder und Schwestern ansehen und eine Trennung machen gegenüber anderen. Und wo wollen wir die Grenze ziehen? Sollen wir jeden, der am Abendmahl teilnehmen möchte, fragen: »Bist du ein neugeborener Christ?« Nein, ich bin nicht da, um zu richten, sondern um zu zeigen, daß Gott der Richter und der Erlöser ist und daß man Abendmahl im wahren Sinn nur feiern kann, wenn man es in Buße tut: »Herr, sei mir Sünder gnädig!« Jesus sagt von dem Zöllner, der so betete, daß er gerechter nach Hause ging als der Pharisäer. Buße schafft die neue Gemeinschaft im Herrn bei Menschen, die wissen: Ich brauche ihn, ich bin verloren ohne ihn. Diese Gemeinschaft aber bewirkt auch Versöhnung mit dem Bruder, auch mit unserem »älteren Bruder« Israel.

Wie ich es schon bei den Ausführungen zur Passafeier betont habe, geht diese Gemeinschaft bis in den leiblichen Bereich hinein. Es ist kein Zufall, daß das Sabbatessen zu Hause das größte und schönste der ganzen Woche ist. Das ist nicht weltlich, sondern wir nehmen in diesem festlichen Essen das an, was der Herr uns von der Schöpfung her geschenkt hat, als Gabe Gottes, die bis ins Leibliche reicht. Auch das Abendmahl wird leiblich genossen: »Nehmet und esset, das ist mein Leib; nehmet und trinket, das ist mein Blut des Neuen Bundes.« Abendmahl ist Tischgemeinschaft mit dem Herrn.

Zum Sabbatmahl gehören roter Wein und das zu diesem Fest schön zubereitete, jüdische Weißbrot. Wein und Brot sind die Hauptgerichte. Sie erinnern an Melchisedek, den gerechten Priester inmitten einer besudelten Welt, und an Abraham. Abraham gibt Melchisedek den Zehnten, und Melchisedek reicht ihm Brot und Wein. Brot und Wein sind dann in die Tradition des Sabbats übernommen worden, und sie sind von einmaliger Bedeutung in unserer Tischgemeinschaft mit dem Herrn. Hier wird deutlich: Leib, Geist und Seele bilden eine unzertrennliche Einheit. Ein besudelter Leib beschmutzt auch Geist und Seele. Das ist der Hintergrund der Reinheits- und Speisegebote im Alten Bund.

Essen und Trinken spielen aber auch als Abschluß anderer wichtiger Handlungen eine Rolle, nicht nur bei Sabbat und Abendmahl. Denken wir etwa an die drei Männer, Boten Gottes, die Abraham besuchen, um ihm auszurichten, daß ihm ein Kind beschert wird, auch wenn seine Frau zu alt dafür ist. Sara lacht über sie. Aber sie haben recht, denn sie kommen vom

Herrn. Wie endet diese Begebenheit? Man ißt und trinkt. Auch beim Berg Sinai nach dem Bundesschluß wird gegessen und getrunken, nachdem sie Gott geschaut haben. Und ich nehme sehr stark an, daß es sich dabei um Brot und Wein handelte.

Andererseits ist das Fasten, die Ablehnung von Essen, Trinken und Tischgemeinschaft, immer Zeichen von Verlust, Trauer oder Buße. David weigert sich, nach dem Tod von Saul und Jonathan zu essen. Saul will nicht essen, bis er seinen Feind bestraft hat (1. Sam 14, 24). Schuld, Buße, Tod und Trauer führen zur Verweigerung der Tischgemeinschaft, denn diese ist letzten Endes verbunden mit tiefster Freude. Wo findet man größere Freude als am Sabbat oder für uns beim Abendmahl, wo wir die engste Beziehung zum Herrn annehmen im Leib und Blut Christi, der als vergebender Herr mitten unter uns gegenwärtig ist? Daß er Freude schenken will in der Tischgemeinschaft mit ihm, macht er schon deutlich bei der Hochzeit zu Kana, einem noch verborgenen Hinweis auf das Abendmahl, wo er Wasser, das Zeichen der Reinheit, in Wein verwandelt, damit die Freude der Hochzeit nicht untergehe. Was da geschieht, ist eine Vordeutung des heiligen Abendmahls, wo Jesus sein Blut in Beziehung zum Wein setzt. Mit seinem Blut erwirbt er uns den Weg zu seinem Himmelreich, damit wir als seine Jünger Freude haben können. Er wird dann der Bräutigam sein in seinem Reich, und wir werden seine Braut sein. Von der Freude der Hochzeit her, auch vom Bild des Weins, der im Alten Testament Zeichen der Freude am Sabbat ist, geht eine direkte Linie zum heiligen Abendmahl. »Der Wein erfreut des Menschen Herz«, heißt es in Psalm 104. Ja, das gehört auch dazu.

Ein verborgener Bezug zu Sabbat und Abendmahl, aber auch im Sinne von Tischgemeinschaft, zeigt sich noch in anderen Geschehnissen, die das Neue Testament berichtet, etwa in der Speisung der Fünftausend. Die vielen Menschen werden von 5 Broten und 2 Fischen, also 7 Nahrungsmitteln satt. Sieben aber ist die Schöpfungszahl. Hier öffnet sich die Rückschau auf den Sabbat, auf den siebenten Tag der Schöpfung. Der Herr, der das Brot austeilt, wird die endgültige Tischgemeinschaft mit den Erlösten in seinem Reich zustande bringen. Das ist die Vorausschau auf das Abendmahl.

Im Blick auf das Abendmahl ist es auch wichtig, daß Jesus vom Brot als einem Bild für seinen Leib spricht. (In dem Abschnitt über das alte und das neue Passa habe ich das in anderem Zusammenhang schon ausgeführt.) Brot bedeutet im Alten Testament und damit auch in der Sabbatfeier für einen Juden immer Leben. Jesus redet auch vom Manna, dem Brot, das Gott vom Himmel gab und das Israel später ablehnte: »Wir haben genug davon, wir wollen es nicht mehr.« Ist damit nicht angedeutet, daß Israel Jesus Christus, das »Brot des Lebens«, ablehnen wird?

Gott gibt das Brot und damit das Leben vom Himmel. Er ist unser Herr, und er versorgt uns ausreichend mit Essen und Trinken. Aber im Abendmahl kommt es zur Vollendung dieses Bildes »Brot als Leben«, weil uns in Jesu Leib das ewige Leben angeboten und geschenkt wird. Wer Jesu Leib nimmt, der ist jetzt im Frieden mit dem gekreuzigten und auferstandenen Herrn, und wenn er in dieser Gemeinschaft mit ihm bleibt, wird er in sein Reich gehören, in sein endgültiges Schalom, sein Am-Ziel-Sein. Da sehen wir wieder den Rückbezug auf den Sabbat, Gottes Zielsetzung für die Erlösten.

Die Tischgemeinschaft als Bindeglied zu Sabbat und Abendmahl wird auch in der Geschichte von den Emmaus-Jüngern sichtbar. Wann erkennen sie Jesus? Als er das Tischgebet spricht und das Brot bricht. Das war Aufgabe des Hausherrn, das durfte nur er tun. Indem er das Amt des Hausherrn ausübt, zeigt Jesus, daß er der Herr der Schöpfung ist, daß er Macht hat auch über die neue Schöpfung. Er erweist sich als der wahre Herr Israels. Da liegt die Rückschau zum Sabbat, dem siebenten Tag der ersten Schöpfung, zugleich aber auch die Verbindung zur Tischgemeinschaft des Abendmahls am Gründonnerstag und die Vorausschau auf die endgültige Gemeinschaft Jesu mit den Seinen in seinem Reich.

Ähnliches erfährt auch Petrus am See Genezareth, als er nach dem wunderbaren Fischfang mit den anderen Jüngern zusammen von dem Auferstandenen zum Mahl geladen wird. Er, der Herr der Schöpfung, der alles geschaffen hat, kann Wunder tun, kann Brot und Fische vermehren, kann wunderbaren Fischfang ermöglichen.

Trotzdem sollen wir das Essen und Trinken nicht überbetonen, denn Paulus warnt uns (Römer 14, 17): »Das Reich Gottes ist nicht Essen und Trinken, sondern Gerechtigkeit und Friede und Freude in dem heiligen Geist.« Hier auf der Erde spielt die leibliche Tischgemeinschaft bei unserer Sabbat- und Abendmahlfeier eine wichtige Rolle. Aber man muß auch die Begrenzung sehen. Alle Leiblichkeit ist vergänglich, und wir werden diese leibliche Welt in Christi Auferstehung überwinden.

Sabbat und Abendmahl haben eine geschichtliche Dimension

Für das Alte Testament ist das ungeheuer wichtig. Es redet ständig von dem Herrn, dem Schöpfergott, der Geschichte macht, und zwar mit seinem Volk. Das bedeutet aber auch, daß er Geschichte mit uns macht. Er hat uns aus dem Tod berufen, er hat uns durch Gefahren geführt. Er hat uns zur Buße geleitet, zu seinem Wort, zur Gemeinschaft in ihm. Er ist der Gott, der geschichtlich wirkt.

Das ist ganz wesentlich für uns, denn wir leben in einer Zeit ohne Geschichtsbewußtsein. Wenn wir aber die geschichtliche Dimension von Gottes Heilshandeln mit uns, mit Israel, mit der Gemeinde nicht in den Mittelpunkt stellen, sondern dagegen die Sehnsucht nach fühlbaren Beweisen Gottes (»Ich will ihn erleben«), dann stimmt etwas nicht. Wir gleichen dann einem Ehemann, der von seiner Frau ständig Beweise ihrer Liebe verlangt. Das kann keine gute Ehe sein, denn wenn die beiden Ehepartner einander wirklich lieben, wissen sie das auch so. Das Verlangen nach dauernden Gotteserfahrungen ist ein Zeichen der Sekten. Sie brauchen ständig sichtbare Zeichen der Gegenwart Gottes.

Wir wissen, daß der Herr uns lieb hat, auch wenn wir verloren sind in uns selbst, wir wissen, daß der Herr zu uns steht, daß jeder von uns als Geretteter unter dem Kreuz gesegnet ist.

Ich brauche nicht immer wieder Beweise dafür. Ich lese das in der Bibel, was er an meinem Volk des Alten und des Neuen Bundes getan hat. Ich weiß, was er an mir tut, und daß er gegenwärtig ist, wenn ich unter seinem Wort stehe. Die zentrale Betonung muß auf der Vertiefung des Wortes in uns und unserer Vertiefung ins Wort hinein liegen, so daß wir durch Christi Kraft Frucht bringen können. Vertiefung in Jesus ist der einzige Weg, der Mission ermöglicht.

Der Sabbat ist ein Herzstück des geschichtlichen Waltens Gottes. In der ganzen Geschichte Israels mit all der Verfolgung, der Angst und Unruhe ist dieser Tag der Ruhepol, der die Kraft gibt, aus der Ruhe und Stille zu Gott die Not der anderen sechs Tage zu überwinden. Sabbat bedeutet für einen Juden: Wir ziehen unsere besten Kleider an. Wir essen das Beste, was wir haben (auch wenn es öfter gar nichts Gutes war). Wir freuen uns sichtlich an unserer Braut, an der Ruhe Gottes, an seinem Am-Ziel-Sein mit uns. Hier verbinden sich Glaube, Familie und Gemeinschaft in der Familie unter dem Herrn.

Auch im Neuen Bund soll der Sonntag ein Tag der Ruhe vor dem Herrn sein, ein Tag der Freude, den die Familienmitglieder miteinander als Erlöste feiern. Aber noch tiefer als am Sonntag dürfen die, die dem Herrn gehören, im heiligen Abendmahl zu der Ruhe in ihm kommen, dürfen seine Zusage annehmen: »Ich bin mitten unter euch. Ich vergebe euch eure Sünde. Ihr habt Frieden mit mir.«

Ich habe eine große Sehnsucht nach dem Abendmahl, und es spielt für mich eine ungemein wichtige Rolle. Ich durfte zehn Jahre lang das Abendmahl nicht feiern, weil ich mich aus Rücksicht auf meinen Vater noch nicht hatte taufen lassen. (Für einen orthodoxen Juden kommt die Taufe seines Kindes seinem Tode gleich. Ich verstehe das gut. Israel konnte sich nur so erhalten.) Aber im Abendmahl wird uns Christen immer wieder der Friede geschenkt, der den jüdischen Sabbat prägt. Der Herr nimmt mich an, auch wenn ich unwürdig bin. Er vergibt mir, er erneuert mich und führt mich auf den Weg der Heiligung.

Auch in der Geschichte der Kirche können wir erkennen, daß

sich Christen in Zeiten großer Not und Verfolgungen getroffen haben, manchmal nur in kleinen Kreisen, und das Abendmahl miteinander feierten. Da war Ruhe und Friede und Geborgenheit in der Gegenwart des Herrn. So hatte man es schon zur Zeit der Urgemeinde erlebt: »Sie brachen das Brot miteinander«, heißt es in der Apostelgeschichte. Aus der Unruhe des Tempels ins Haus zurückgekehrt, fand man über dem Brotbrechen zu Ruhe und Frieden (wenn Paulus auch berichtet, daß es in Korinth nicht immer so war). Friede, Ruhe, Geborgenheit – denn der Herr ist am Ziel mit uns.

Sabbat und Abendmahl haben einen kultischen und sakramentalen Aspekt

Zur jüdischen Sabbatfeier gehören unverzichtbar Kerzen. Sie werden angezündet, wenn die Sonne untergeht, denn dann beginnt der Sabbat. (Aus Abend und Morgen wurde der erste Tag.) Erst feiert man in der Familie, dort spielen Kerzen, wie angedeutet, eine sehr wichtige Rolle. Danach geht man in den Gottesdienst.

Das Anzünden der Kerzen ist eine fast sakramentale, eine Zeichenhandlung: Das Licht Gottes, das Licht des Lebens, das er geschaffen hat, brennt und leuchtet in der Finsternis. Auf dem siebenarmigen Leuchter brennt es die ganze Nacht hindurch.

Wie ist es bei uns? Was ist *das* Sakrament? Wir haben zwei Sakramente, Taufe und Abendmahl, und beide haben mit dem Kreuz Jesu zu tun. (Ursprünglich wurde unter Wasser, in den Tod Christi getauft.) *Das* Sakrament nun sind die sieben letzten Worte Jesu am Kreuz, die sein Kreuz deuten, die zusammen mit der Einsetzung des heiligen Abendmahls alles verwirklichen in Wort und Zeichen, was dieses Kreuz für uns bedeutet. Die Einsetzungsworte des heiligen Abendmahls – »Nehmet und esset, das ist mein Leib, nehmet und trinket, das ist mein Blut des Neuen Bundes« – sind die Wegweisung, die aber noch in den sieben letzten Worten Jesu erweitert und vertieft wird. An ihnen wird klar, was dieses Kreuz auf dem Weg zur neuen Welt, zur Auferstehung bedeutet. (Wieder begegnen wir hier der Zahl sieben!).

Sabbat und Abendmahl kann man unter ein Lied stellen (EKG 10): »Wie soll ich dich empfangen, und wie begegn' ich dir ...« Sabbat ist Empfang. Alles wird geschmückt, alles ist vorbereitet. Man zieht seine besten Kleider an. Der Tisch wird wunderschön gedeckt. Man ißt das Beste. Alles ist auf Empfang gestimmt, denn der Herr, der Gott Israels, kommt zuerst zur Familie, und dann kommt die Braut zur ganzen Gemeinde Israels bei der Feier in der Synagoge. Mitten unter uns in dieser Gemeinschaft ist Gottes Am-Ziel-Sein, sein Schalom.

(Wie leer und armselig ist demgegenüber das Verständnis vom Sonntag heute bei vielen Menschen! Sie haben die Zeichen ohne die Erfüllung. Sie putzen Haus und Straße und ziehen schöne Kleider an, aber sie gehen nicht in die Kirche. Sie haben den Rahmen ohne die Wirklichkeit, doch er alleine ist nichts wert.)

Auch beim heiligen Abendmahl bereiten wir uns auf Empfang vor. Wir bekennen unsere Schuld vor dem Herrn. Wir versöhnen uns mit unserem Bruder, und das schließt auch Israel, unseren geringsten Bruder, ein. Wir bereiten uns durch Buße auf den großen Empfang vor: Jesus Christus, der gekreuzigte Herr und Heiland, wird mitten unter uns sein, er wird uns von unserer Sünde und Schuld freisprechen, er wird uns, weil wir immer noch Menschen auf dieser Erde sind, im leiblichen Essen und Trinken einen Vorgeschmack der endgültigen Gemeinschaft mit ihm in seinem Reich geben.

»Wie soll ich dich, Herr Jesus, empfangen, und wie begegne ich dir?«